The 바른 
Монголчуудад зориулсан

한국어
첫걸음

ECK Books

한국어 첫걸음

초 판 인 쇄	2021년 9월 7일
초 판 2 쇄	2022년 11월 1일
지 은 이	미야수렝 홀랑, 자르갈사이항 양징르함
펴 낸 이	임승빈
편 집 책 임	정유항, 김하진
편 집 진 행	송영정
표지디자인	다원기획
내지디자인	디자인캠프
조 판	오미원
일 러 스 트	강지혜
마 케 팅	염경용, 이동민, 이서빈
펴 낸 곳	ECK북스
주 소	서울시 마포구 창전로 2길 27 [04098]
대 표 전 화	02-733-9950
홈 페 이 지	www.eckbooks.kr
이 메 일	eck@eckedu.com
등 록 번 호	제 2020-000303호
등 록 일 자	2000. 2. 15
I S B N	979-11-91132-91-5
정 가	20,000원

The 바른 한국어

Монголчуудад зориулсан

첫걸음

Зохиогч :

Мясүрэн Хулан (미야수렝 홀랑),
Жаргалсайхан Янжинлхам
(자르갈사이항 양징르함)

ECK Books

Өмнөх үг 머리말

Солонгос Монгол хоёр орны харилцаа холбоо өргөжин 2 улсын хооронд зорчих иргэдийн тоо өдөр ирэх тусам нэмэгдсээр байна. Солонгос улсыг зөвхөн суралцах төдийгүй аялал зуучлал, дэлгүүр болон бизнесийн чиглэлээр маш олон Монголчууд зорьж ирдэг болсон. Солонгост ирж байгаа Монголчууд хэл мэдэхгүйгээс болж өдөр тутмын амьдралд хэцүү зүйлүүдтэй их тулгардаг. Үүнтэй холбогдуулан Солонгосын соёл болон Солонгос хэлийг сурах хүсэлтэй хүмүүсийн тоо маш ихээр нэмэгдсэн.

Гадаад хүмүүст зориулсан Солонгос хэлний сурах бичиг их боловч, хараахан Солонгос хэлийг сайн мэдэхгүй байх үед Солонгос тайлбартай сурах бичгээс суралцана гэдэг амар биш. Тиймээс Солонгос хэл анх сурч байгаа Монгол хүмүүст зориулж бүрэн Монгол тайлбартай ном гаргахаар болсон.

Энэхүү ном нь өдөр тутмын амьдралд байнга хэрэглэгддэг харилцан яриагаар дасгал ажил ажиллаж, үүнд хэрэгтэй анхан шатны дүрмийг сурч, олон төрлийн шинэ үгийн дасгал ажлуудыг ажиллах боломжтой. Мөн Солонгос хүмүүсийн аж амьдрал болон соёлыг танилцуулан Солонгост амьдрахад тус дөхөм болох үүднээс бичсэн.

Энэхүү номыг үзсэнээр Солонгос хэлний анхан шатны мэдлэгтэй болох төдийгүй Солонгост ажиллаж амьдрахад хэрэглэгдэх өдөр тутмын үг хэллэгийг сурах боломжтой. Мөн энэхүү ном нь онлайн хичээлээр дамжуулан бие даан суралцах бүх л боломжийг бүрдүүлж өгч байгаагаараа онцлог юм. Монголоос Солонгос улсыг зорин ирэх гэж байгаа болон Солонгост ирээд Солонгос хэлийг бие даан суралцахыг хүссэн хүн бүхэн энэхүү номыг сурч дуусгаснаар Солонгос хэлний түвшин тогтоох шалгалт(TOPIK)-ын анхан шатанд тэнцэх хэмжээний мэдлэгийг олж авах боломжтой юм.

Монголчуудад зориулсан Солонгос хэлний анхан шатны номыг бичиж гаргах боломжийг олгосон ECK EDUCATION компаний захирал Им Син Бин танаа маш их баярлаж талархсанаа илэрхийлмээр байна. Мөн уг номын эвлүүлэгийг хийж өгсөн Сун Ён Жон багш болон бүх талаар тусалж, дэмжсэн хүмүүст баярласан талахсанаа илэрхийлэе.

Солонгос улсад ажиллаж амьдарч байгаа Монголчуудад хэрэгтэй ном болсон байх гэж итгэж байна.

2021. 08

Зохиогч Мяасүрэн Хулан, Жаргалсайхан Янжинлхам

Гарчиг 목차

Уг номын бүтэц 이 책의 구성

💡 Бэлтгэл хичээл

Хангыл үсгийн эгшиг гийгүүлэгчтэй танилцаж давтах боломжтой.

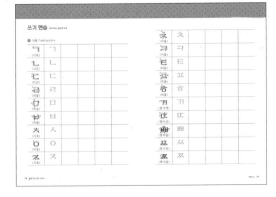

💡 Шинэ үгээ урьдчилж харцгаая

Тухайн хичээл дээр заах чухал үгийг урьдчилан харж бэлдэх боломжтой.

💡 Харилцан яриа

Өдөр тутмын амьдралд ашиглах боломжтой харилцан яриаг суралцах боломжтой.

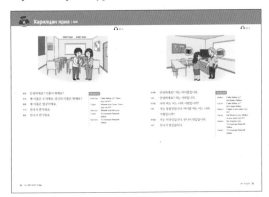

💡 Харилцан ярианы дасгал

Харилцан ярианы гол үг хэллэгийг суралцаж, холбогдох төрөл бүрийн үг хэллэгийг давтах боломжтой.

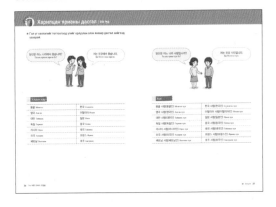

💡 Дүрэм

Харилцан яриан доторх чухал үндсэн дүрмийг суралцана.

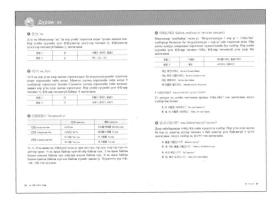

☼ Сонсох · Бичих · Унших дасгал

Төрөл бүрийн дасгал ажил дээр ажиллан суралцсан агуулгаа давтах боломжтой.

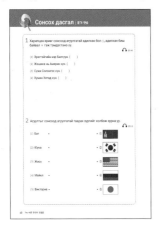

☼ Дуудлага

Солонгос хэлний гол дуудлагын дүрмийг давтана.

☼ Соёлтой танилцацгаая

Солонгос орны соёл ба Солонгосчуудын өдөр тутмын амьдралын дүр төрхийг танилцуулна.

MP3 татаж авах арга

Уг номын MP3 файл нь www.eckbooks.kr-аас үнэгүй татаж авах боломжтой. QR кодыг дарвал татаж авах хуудас руу очно.

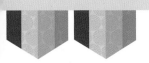

Бэлтгэл хичээл
예비학습

- 한글 Хангыл
- 한국어의 음절 구조 Солонгос хэлний үеийн бүтэц
- 한국어 어순 Солонгос хэлний өгүүлбэр зүйн бүтэц
- 한국어 숫자 Солонгос хэлний тоо
- 쓰기 연습 Бичих дасгал

한글 ХАНГЫЛ

Хангыл бол Солонгос хэлний цагаан толгойн нэр юм. Хангыл нь 21 эгшиг, 19 гийгүүлэгчээс бүрддэг. Хангыл нь гийгүүлэгч ба эгшгийг хослуулан бичдэг бөгөөд бичихдээ зүүнээс баруун тийш, дээрээс доошоо бичдэг.

❶ 모음 Эгшиг

Эгшиг нь хоолойн хөвчийг доргиож хоолой, ам, хамраар дамжин нэг ч саад тотгоргүйгээр гарч буй авиаг хэлнэ. Нийт 21 эгшиг байдаг бөгөөд тэдгээрийг дуудлагаар нь дан эгшиг, хос эгшиг гэж хуваадаг.

● 단모음 Дан эгшиг 00-1

Дан эгшиг нь нэг дан авианаас бүрддэг эгшиг бөгөөд авиаг гаргахдаа амны хэлбэр өөрчлөгддөггүй.

ㅏ	ㅓ	ㅗ	ㅜ	ㅡ	ㅣ
[а]	[о]	[у]	[ү]	[ы]	[и]
ㅐ	ㅔ	ㅚ	ㅟ		
[э]	[э]	[вэ]	[ви]		

※ ㅚ, ㅟ авиа нь хос эгшигтэй төстэй боловч дуудлагын санд богино эгшигт ангилдаг.

● 이중모음 Хос эгшиг 00-2

Хос эгшиг нь 2-оос дээш авианаас бүрддэг эгшиг бөгөөд авиаг гаргахдаа амны хэлбэр өөрчлөгддөг.

ㅑ	ㅕ	ㅛ	ㅠ	ㅒ	ㅖ
(ㅣ + ㅏ)	(ㅣ + ㅓ)	(ㅣ + ㅗ)	(ㅣ + ㅜ)	(ㅣ + ㅐ)	(ㅣ + ㅔ)
[я]	[ё]	[юу]	[юү]	[е]	[е]
ㅘ	ㅙ	ㅝ	ㅞ	ㅢ	
(ㅗ + ㅏ)	(ㅗ + ㅐ)	(ㅜ + ㅓ)	(ㅜ + ㅔ)	(ㅡ + ㅣ)	
[ва]	[вэ]	[во]	[вэ]	[ыи]	

❷ 자음 Гийгүүлэгч 🎧 00-3

Гийгүүлэгч нь хоолойгоор дамжин өнгөрөхдөө амьсгалын урсгалд саад тотгортой гарч буй авиаг хэлнэ. Нийт 19 гийгүүлэгч байдаг бөгөөд дууны хүчнээс хамаарч ердийн, хүчтэй, сул авиа гэж хуваадаг.

ㅇ гийгүүлэгч эхний дуудлага болж ирэхэд ямар ч авиа гардаггүй.

ㄱ	ㄴ	ㄷ	ㄹ	ㅁ
(기역)	(니은)	(디귿)	(리을)	(미음)
[г]	[н]	[д]	[р/л]	[м]
ㅂ	ㅅ	ㅇ	ㅈ	ㅊ
(비읍)	(시옷)	(이응)	(지읒)	(치읓)
[б]	[с/ш]	[нг]	[ж]	[ч]
ㅋ	ㅌ	ㅍ	ㅎ	
(키읔)	(티읕)	(피읖)	(히읗)	
[к]	[т]	[п]	[х]	
ㄲ	ㄸ	ㅃ	ㅆ	ㅉ
(쌍기역)	(쌍디귿)	(쌍비읍)	(쌍시옷)	(쌍지읒)
[гг]	[дд]	[бб]	[сс]	[жж]

● 거센소리 Хүчтэй авиа

Хүчтэй авиа гэдэг нь доорх хүснэгтийн цэнхэр хэсэгт байгаа дуу авиа юм. Авиа гарах үсд ердийн дуу чимээтэй харьцуулахад илүү их агаар ялгарч чангаар авиа гардаг.

● 된소리 Сул авиа

Сул авиа нь доорх хүснэгтийн улбар шар хэсэгт байгаа дуу авиа юм. Ердийнхөөсөө илүү чанга дуугардаг боловч агааргүй гардаг.

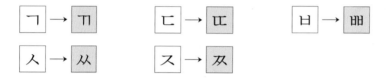

❸ 받침 Дэвсгэр үсэг

Солонгос хэлэнд гийгүүлэгч нь эхний авиа болон төгсгөлийн авианд орж болно. Энэ үед авиа төгсгөлд ирж буй гийгүүлэгчийг 받침(дэвсгэр үсэг) гэж нэрлэдэг. 19 гийгүүлэгчээс ㄸ, ㅃ, ㅉ-ээс бусад 16 гийгүүлэгчийг хэлнэ. ㅇ гийгүүлэгч үеийн эхэнд орвол ямар ч авиа гарахгүй боловч дэвсгэр үсгээр ирэхэд авиа гаргадаг.

Нэг гийгүүлэгчээс бүрдсэн дэвсгэр үсгийг 홑받침(дан дэвсгэр үсэг), хоёр өөр гийгүүлэгчээс бүтсэн дэвсгэр үсгийг 겹받침(давхар дэвсгэр үсэг), ижил гийгүүлэгчээс бүрдсэн дэвсгэр үсгийг 쌍받침(хос дэвсгэр үсэг) гэнэ.

● 홑받침

학생 сурагч   집 гэр/байшин   몽골 Монгол   한국 Солонгос

● 겹받침

읽다 унших   않다 гүй, биш   밟다 гишгэх/хөлөө тавих   핥다 долоох

● 쌍받침

밖 гадаа   닦다 арчих   먹었다 идсэн   갔다 явсан

한국어의 음절 구조 Солонгос хэлний үеийн бүтэц

Дуудлагын хамгийн бага нэгжийг үе гэж нэрлэдэг. Хангыл нь үгийн нэгжээр бичигдсэн байдаг. Үеийн бүтэц дараахтай адил байдаг.

① 모음 Эгшиг

* Эгшиг хамгийн эхний авиагаар ирэх үед эгшгийн өмнө ㅇ гийгүүлэгч бичиж өгдөг. Энэ үед ㅇ авиа гардаггүй.

② 모음 + 자음(받침) Эгшиг + Гийгүүлэгч(Дэвсгэр үсэг)

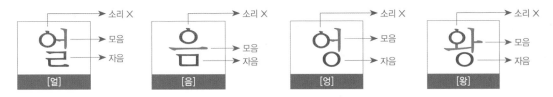

③ 자음 + 모음 Гийгүүлэгч + Эгшиг

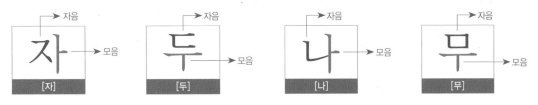

④ 자음 + 모음 + 자음(받침) Гийгүүлэгч + Эгшиг + Гийгүүлэгч(Дэвсгэр үсэг)

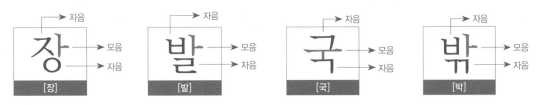

한국어 어순 Солонгос хэлний өгүүлбэр зүйн бүтэц

① Солонгос хэл нь '주어(өгүүлэгдэхүүн) + 목적어(тусагдахуун) + 서술어 (өгүүлэхүүн)' гэсэн бүтэцтэй.

나는	한국을	좋아해요.
(주어)	(목적어)	(서술어)
↓	↓	↓
Би	Солонгост	дуртай.
그녀는	한국어를	공부해요.
(주어)	(목적어)	(서술어)
↓	↓	↓
Тэр эмэгтэй	Солонгос хэл	сурдаг.
우리는	사과를	먹어요.
(주어)	(목적어)	(서술어)
↓	↓	↓
Бид нар	алим	идэж байна.

② Тэмдэг нэр нь нэр үгийг тодотгохдоо нэр үгийн өмнө байрладаг.

빨간 구두 улаан гутал

예쁜 소녀 хөөрхөн охин

높은 산 өндөр уул

낡은 집 хуучин гэр

한국어 숫자 Солонгос хэлний тоо

Тоо	Ханзны тоо	Солонгос тоо	Тоо	Ханзны тоо	Солонгос тоо
1	일	하나(한)	11	십일	열하나
2	이	둘(두)	12	십이	열둘
3	삼	셋(세)	13	십삼	열셋
4	사	넷(네)	14	십사	열넷
5	오	다섯	15	십오	열다섯
6	육	여섯	16	십육	열여섯
7	칠	일곱	17	십칠	열일곱
8	팔	여덟	18	십팔	열여덟
9	구	아홉	19	십구	열아홉
10	십	열	20	이십	스물
30	삼십	서른	70	칠십	일흔
40	사십	마흔	80	팔십	여든
50	오십	쉰	90	구십	아흔
60	육십	예순	100	백	온*

* 100-гын тоог 온 гэж бараг ашигладаггүй бөгөөд 백 гэж ашиглах нь их байдаг.

• Цаг ба өдөр хоногийг унших

① Солонгосоор цагийг хэлэхдээ 시(цаг) эх хэлээрээ нэрлэдэг бол 분(минут), 초(секунд) нь ханзны үгээр нэрлэдэг.

```
01:25:20
```
(한 시 이십오 분 이십 초)

```
05:10:50
```
(다섯 시 십 분 오십 초)

② Өдөр хоногийг ханзны хэллэгээр уншдаг.

APRIL

SUNDAY	MONDAY	TUESDAY	WEDNESDAY	THURSDAY	FRIDAY	SATURDAY
27	28	29	30	31	1	2
3	4	5	6	7	8	9
10	11	12	13	14	15	16
17	18	19	20	21	22	23
24	25	26	27	28	29	30

(사 월 구 일)

SEPTEMBER

SUNDAY	MONDAY	TUESDAY	WEDNESDAY	THURSDAY	FRIDAY	SATURDAY
28	29	30	31	1	2	3
4	5	6	7	8	9	10
11	12	13	14	15	16	17
18	19	20	21	22	23	24
25	26	27	28	29	30	1

(구 월 이십오 일)

쓰기 연습 Бичих дасгал

❶ 자음 Гийгүүлэгч

ㄱ (기역)	ㄱ			
ㄴ (니은)	ㄴ			
ㄷ (디귿)	ㄷ			
ㄹ (리을)	ㄹ			
ㅁ (미음)	ㅁ			
ㅂ (비읍)	ㅂ			
ㅅ (시옷)	ㅅ			
ㅇ (이응)	ㅇ			
ㅈ (지읒)	ㅈ			

ㅊ (치읓)	ㅊ				
ㅋ (키읔)	ㅋ				
ㅌ (티읕)	ㅌ				
ㅍ (피읖)	ㅍ				
ㅎ (히읗)	ㅎ				
ㄲ (쌍기역)	ㄲ				
ㄸ (쌍디귿)	ㄸ				
ㅃ (쌍비읍)	ㅃ				
ㅆ (쌍시옷)	ㅆ				
ㅉ (쌍지읒)	ㅉ				

❷ 모음 Эгшиг

[아]	ㅏ				
[야]	ㅑ				
[어]	ㅓ				
[여]	ㅕ				
[오]	ㅗ				
[요]	ㅛ				
[우]	ㅜ				
[유]	ㅠ				
[으]	ㅡ				
[이]	ㅣ				

ㅐ [애]	ㅐ				
ㅒ [얘]	ㅒ				
ㅔ [에]	ㅔ				
ㅖ [예]	ㅖ				
ㅘ [와]	ㅘ				
ㅙ [왜]	ㅙ				
ㅚ [외]	ㅚ				
ㅝ [워]	ㅝ				
ㅞ [웨]	ㅞ				
ㅟ [위]	ㅟ				
ㅢ [의]	ㅢ				

❸ 자음 + 모음 Гийгүүлэгч + Эгшиг

자음＼모음	ㅏ	ㅑ	ㅓ	ㅕ	ㅗ
ㄱ	가	갸	거	겨	고
ㄴ	나	냐	너	녀	노
ㄷ	다	댜	더	뎌	도
ㄹ	라	랴	러	려	로
ㅁ	마	먀	머	며	모
ㅂ	바	뱌	버	벼	보
ㅅ	사	샤	서	셔	소

자음＼모음	ㅛ	ㅜ	ㅠ	ㅡ	ㅣ
ㄱ	교	구	규	그	기
ㄴ	뇨	누	뉴	느	니
ㄷ	됴	두	듀	드	디
ㄹ	료	루	류	르	리
ㅁ	묘	무	뮤	므	미
ㅂ	뵤	부	뷰	브	비
ㅅ	쇼	수	슈	스	시

자음 \ 모음	ㅏ	ㅑ	ㅓ	ㅕ	ㅗ
ㅇ	아	야	어	여	오
ㅈ	자	쟈	저	져	조
ㅊ	차	챠	처	쳐	초
ㅋ	카	캬	커	켜	코
ㅌ	타	탸	터	텨	토
ㅍ	파	퍄	퍼	펴	포
ㅎ	하	햐	허	혀	호

자음＼모음	ㅛ	ㅜ	ㅠ	ㅡ	ㅣ
ㅇ	요	우	유	으	이
ㅈ	죠	주	쥬	즈	지
ㅊ	쵸	추	츄	츠	치
ㅋ	쿄	쿠	큐	크	키
ㅌ	툐	투	튜	트	티
ㅍ	표	푸	퓨	프	피
ㅎ	효	후	휴	흐	히

모음 자음	ㅐ	ㅒ	ㅔ	ㅖ	ㅘ	ㅙ
ㄱ	개	걔	게	계	과	괘
ㄴ	내	냬	네	녜	놔	놰
ㄷ	대	댸	데	뎨	돠	돼
ㄹ	래	럐	레	례	롸	뢔
ㅁ	매	먜	메	몌	뫄	뫠
ㅂ	배	뱨	베	볘	봐	봬
ㅅ	새	섀	세	셰	솨	쇄

자음＼모음	ㅚ	ㅝ	ㅞ	ㅟ	ㅢ
ㄱ	괴	궈	궤	귀	긔
ㄴ	뇌	눠	눼	뉘	늬
ㄷ	되	둬	뒈	뒤	듸
ㄹ	뢰	뤄	뤠	뤼	릐
ㅁ	뫼	뭐	뭬	뮈	믜
ㅂ	뵈	붜	붸	뷔	븨
ㅅ	쇠	숴	쉐	쉬	싀

모음 자음	ㅐ	ㅒ	ㅔ	ㅖ	ㅘ	ㅙ
ㅇ	애	얘	에	예	와	왜
ㅈ	재	쟤	제	졔	좌	좨
ㅊ	채	챼	체	쳬	촤	쵀
ㅋ	캐	걔	케	켸	콰	쾌
ㅌ	태	턔	테	톄	톼	퇘
ㅍ	패	퍠	페	폐	퐈	퐤
ㅎ	해	햬	헤	혜	화	홰

자음 \ 모음	ㅚ	ㅝ	ㅞ	ㅟ	ㅢ
ㅇ	외	워	웨	위	의
ㅈ	죄	줘	줴	쥐	즤
ㅊ	최	춰	췌	취	츼
ㅋ	쾨	쿼	퀘	퀴	킈
ㅌ	퇴	퉈	퉤	튀	틔
ㅍ	푀	풔	풰	퓌	픠
ㅎ	회	훠	훼	휘	희

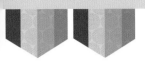

Өөрийгөө танилцуулах
자기소개

Хичээлийн зорилго

- Өөрийн нэр болон улс орны нэрийг хэлж сурна.

Гол дүрэм

- 은/는 нь • 이/가 нь, бол • 인칭대명사 Төлөөний үг
- 이에요/예요 байна, юм(нэр үг төгсгөх нөхцөл)
- 입니다/입니까? юм, байна/юм уу?, юу/юү?

Соёлын хичээл

- Солонгосчуудын мэндлэх ёс

◉ Бичлэгийг сонсоод чанга дуугаар дагаж уншаад бичих дасгал
хийгээд үзээрэй.

🎧 01-1

이름 нэр	뭐/무엇 юу	제 миний

당신의 таны	만나다 уулзах	반갑다 баярлах, баясах

나/저 би	어느 аль	나라 орон

사람 хүн	미국 Америк	몽골 Монгол

한국 Солонгос	이/이것 энэ	네 тиймээ

[🔊] Доорх зурагт таарсан үгийг хүснэгтнээс сонгон бичээрэй.

이름	한국	나
미국	만나다	몽골

①

_____

②

_____

③

_____

④

_____

⑤

_____

⑥

_____

정답 --- ① 몽골 ② 만나다 ③ 나 ④ 한국 ⑤ 이름 ⑥ 미국

빌궁	안녕하세요? 이름이 뭐예요?
수지	제 이름은 수지예요. 당신의 이름은 뭐예요?
빌궁	제 이름은 빌궁이에요.
수지	만나서 반가워요.
빌궁	만나서 반가워요.

Орчуулга

Билгүүн	Сайн байна уу? Таны нэр хэн бэ?
Сүжи	Миний нэр Сүжи. Таны нэр хэн бэ?
Билгүүн	Миний нэр Билгүүн.
Сүжи	Уулзсандаа баяртай байна.
Билгүүн	Уулзсандаа баяртай байна.

마이클	안녕하세요? 저는 마이클입니다.

사라   안녕하세요? 저는 사라입니다.

마이클   사라 씨는 어느 나라 사람입니까?

사라   저는 몽골인입니다. 마이클 씨는 어느 나라 사람입니까?

마이클   저는 미국인입니다. 만나서 반갑습니다.

사라   만나서 반갑습니다.

Орчуулга

Майкл	Сайн байна уу? Би Майкл байна.
Сараа	Сайн байна уу? Би Сараа байна.
Майкл	Сараа та аль орны хүн бэ?
Сараа	Би Монгол хүн. Майкл та аль орны хүн бэ?
Майкл	Би Америк хүн. Уулзсандаа баяртай байна.
Сараа	Уулзсандаа баяртай байна.

Харилцан ярианы дасгал | 회화 연습

❋ Гол үг хэллэгийг тогтоогоод үгийг орлуулан олон янзаар дасгал хийгээд үзээрэй.

> 당신은 어느 나라에서 왔습니까?
> Та аль орноос ирсэн бэ?

> 저는 몽골에서 왔습니다.
> Би Монголоос ирсэн.

Улсын нэр

몽골 Монгол	한국 Солонгос
영국 Англи	이탈리아 Итали
대만 Тайвань	일본 Япон
독일 Герман	중국 Хятад
러시아 Орос	태국 Тайланд
미국 Америк	프랑스 Франц
베트남 Вьетнам	호주 Австрали

당신은 어느 나라 사람입니까?
Та аль орны хүн бэ?

저는 몽골 사람입니다.
Би Монгол хүн.

Хүн

몽골 사람(몽골인) Монгол хүн	한국 사람(한국인) Солонгос хүн
영국 사람(영국인) Англи хүн	이탈리아 사람(이탈리아인) Итали хүн
대만 사람(대만인) Тайвань хүн	일본 사람(일본인) Япон хүн
독일 사람(독일인) Герман хүн	중국 사람(중국인) Хятад хүн
러시아 사람(러시아인) Орос хүн	태국 사람(태국인) Тайланд хүн
미국 사람(미국인) Америк хүн	프랑스 사람(프랑스인) Франц хүн
베트남 사람(베트남인) Вьетнам хүн	호주 사람(호주인) Австрали хүн

❶ 은/는 нь

은/는 нь Монголоор 'нь' ба нэр үгийг тодотгож өгдөг туслах нөхцөл юм. Нэр үгийн сүүлийн үсэг 받침(дэвсгэр үсэг)-ээр төгсвөл 은, 받침(дэвсгэр үсэг)-ээр төгсөөгүй байвал 는 залгагдана.

받침 ○	은	이름은, 한국은, 몽골은
받침 ×	는	저는, 나는, 그는

❷ 이/가 нь, бол

이/가 нь нэр үгэн дээр залган хэрэглэгддэг ба өгүүлэгдэхүүнийг тодотгож өгдөг нэрлэхийн тийн ялгал. Монгол хэлэнд нэрлэхийн тийн ялгал 0 хэлбэрээр хэрэглэдэг боловч Солонгос хэлэнд нэрлэхийн тийн ялгалыг заавал нэр үгэн дээр залган хэрэглэдэг. Нэр үгийн сүүлийн үсэг 받침-аар төгсвөл 이, 받침-аар төгсөөгүй байвал 가 залгагдана.

받침 ○	이	이름이, 한국이, 빌궁이
받침 ×	가	나라가, 토야가, 사라가

❸ 인칭대명사 Төлөөний үг

	단수 ганц тоо	복수 олон тоо
1인칭 нэгдүгээр бие	나/저 Би	우리들/저희들 Бид/Бид нар
2인칭 хоёрдугаар бие	너/당신 Чи/Та	당신들/너희들 Та нар
3인칭 гуравдугаар бие	이 사람 Энэ хүн	이 사람들 Эд нар
	저 사람 Тэр хүн	저 사람들 Тэд нар

이, 그, 저 нь араас нь 사람(хүн) гэсэн үг орж энэ хүн, тэр хүн, тээр тэр хүн гэх мэтээр орно. 이 нь ярьж байгаа хүнтэй ойр байгаа хүн, 그 нь ярьж байгаа болон сонсож байгаа хүн хоёулаа мэдэж байгаа хүн, 저 нь ярьж байгаа болон сонсож байгаа хүн хол байгаа хүнийг заасан үг. Хүндэтгэх үед 이분, 그분, 저분 гэж дууддаг.

❹ 이에요/예요 byайна, юм(нэр үг төгсгөх нөхцөл)

Монголоор 'юм/байна' гэсэн үг. 'Өгүүлэгдэхүүн + нэр үг + 이에요/예요' хэлбэрээр бичигдэх ба 'өгүүлэглэхүүн = нэр үг'-ийг тодотгож өгнө. Ойр дотно хүмүүс хоорондоо хэрэглэдэг хүндэтгэлийн бус хэлбэр. Нэр үгийн сүүлийн үсэг 받침-аар төгсвөл 이에요, 받침-аар төгсөөгүй үгэн дээр 예요 залгагдана.

받침 ○	이에요	마이클이에요, 빌궁이에요
받침 ✕	예요	수지예요, 바트예요

저는 호민이에요. Би бол Хумин байна.

저는 한국 사람이에요. Би бол Солонгос хүн.

저는 바트예요. Би бол Бат байна.

제 이름은 벌드예요. Миний нэр бол Болд юм.

● 이에요/예요? юм уу/юм бэ?, уу/үү?, бэ/вэ?

Уг нөхцөл нь үгийн төгсгөлөө өргөөд 이에요/예요? гэж залгагдвал асуух хэлбэр бас болно.

A: 이 사람은 사라예요? Энэ хүн Сараа юу?

B: 네, 이 사람은 사라예요. Тийм, энэ хүн Сараа.

❺ 입니다/입니까? юм, байна/юм уу?, юу/юү?

Дээр тайлбарласан 이에요/예요-гийн хүндэтгэх хэлбэр. Нэр үгэн дээр залгах ба нэр үг дэвсгэр үсгээр төгссөн ч бай дэвсгэр үсэг байгаагүй ч 입니다 залгагдана. Асуух хэлбэр нь 입니까? гэж залгагдана.

A: 몽골 사람입니까? Монгол хүн үү?

B: 네, 저는 몽골 사람입니다. Тиймээ, би Монгол хүн.

A: 수지 씨입니까? Та Сүжи юу?

B: 네, 제가 수지입니다. Тийм, би Сүжи байна.

Сонсох дасгал | 듣기 연습

1 Харилцан яриаг сонсоод агуулгатай адилхан бол ○, адилхан биш байвал ⨯ гэж тэмдэглэнэ үү.

🎧 01-4

(1) Эрэгтэйгийн нэр Билгүүн. (　　)

(2) Жэшика нь Америк хүн. (　　)

(3) Сүжи Солонгос хүн. (　　)

(4) Хумин Хятад хүн. (　　)

2 Асуултыг сонсоод агуулгатай таарах зургийг холбож зурна уу.

🎧 01-5

(1) Бат　　•

•　① 🇲🇳

(2) Юүка　　•

•　② 🇰🇷

(3) Жисү　　•

•　③ 🇺🇸

(4) Майкл　　•

•　④

(5) Викториа •

•　⑤

Бичих дасгал | 쓰기 연습

1 Дараах нөхцөл(은/는)ийг жишээтэй адилаар хоосон зайд нөхөж бичнэ үү.

Жишээ

> 저는 지수예요.
> 그 사람은 인도 사람이에요.

(1) 제 이름_____ 유리예요.

(2) 저_____ 사라예요.

(3) 바트 씨_____ 몽골 사람입니다.

(4) 마이클_____ 미국 사람입니까?

(5) 저_____ 호민입니다.

2 Дараах жишээтэй адилаар өгөгдсөн үгийг тохирох нөхцөлөөр холбож өгүүлбэр болгож бичнэ үү.

Жишээ

> 저, 터키 사람 → 저는 터키 사람이에요.

(1) 저, 태국 사람 _____

(2) 저, 호주 사람 _____

(3) 제 이름, 사라 _____

(4) 이 사람, 일본 사람 _____

(5) 그 사람, 러시아 사람 _____

✱ Дараахыг сонсоод чанга дуугаар дагаад уншаарай. 🎧 01-6

(1)

> 안녕하세요?
> 저는 빌궁입니다.
> 저는 몽골 사람입니다.
> 울란바토르에서 왔습니다.
> 만나서 반갑습니다.

(2)

> 안녕하세요?
> 저는 마이클이에요.
> 저는 미국 사람이에요.
> 뉴욕에서 왔습니다.
> 만나서 반가워요.

(3)

> 안녕하세요?
> 저는 수지예요.
> 저는 한국 사람이에요.
> 부산에서 왔습니다.
> 만나서 반가워요.

* 입니다

 01-7

Дэвсгэр үсэг ㅂ-гийн араас ㄴ ирвэл ㅂ нь ㅁ-ээр дуудагдан, 입니다 нь [임니다] гэж дуудагдана.

입니다 [임니다]

'Нэр үг + 입니다'-гийн дуудлага нь нэр үг нь эгшгээр төгссөн тохиолдол болон гийгүүлэгч(дэвсгэр үсэг)-ээр төгссөн тохиолдолд тус тус өөрөөр дуудагдана.

- Эгшиг + 입니다

  Эгшигийн ард 입니다-гийн дуудлага өөрчлөлт байхгүй тэр хэвээрээ [임니다] гэж дуудагдана.

의사입니다 [의사임니다]	나무입니다 [나무임니다]
수지입니다 [수지임니다]	사라입니다 [사라임니다]

- Гийгүүлэгч(дэвсгэр үсэг) + 입니다 * 6-р хичээлээс харах

  Дэвсгэр үсгийг 입니다-гийн ㅇ байгаа үе рүү оруулж дуудна.

몽골인입니다 [몽고리님니다]	사람입니다 [사라밈니다]
마이클입니다 [마이크림니다]	집입니다 [지빔니다]

Соёлтой танилцацгаая | 문화 엿보기

Солонгосчуудын мэндлэх ёс

Улс орон бүр аж амьдрал, ахуй соёл өөр тул мэндлэх ёс нь өөр өөр байдаг. Солонгосчуудын хувьд энгийн үед найзууд хоорондоо "안녕?(Сайн уу?)" гэж мэндэлдэг. Харин өндөр настай болон ахмад хүмүүстэй "안녕하세요?(Сайн байна уу?)" гэж мэндэлдэг. Мөн албаны уулзалтанд "안녕하십니까?(Сайн байна уу?)" гэж мэндэлдэг бол ахмад өндөр настай хүнийг хүндэлж큰절(мөргөж) мэндэлдэг. Энэ нь 2 гараа духандаа хүргэн суугаад бөхийн мэндэлдэг Солонгосын уламжлалт мэндчилгээний арга юм. Тиймээс Солонгосчууд ахмад болон анх уулзаж байгаа хүнтэйгээ мэндлэхдээ бөхийн ёсолдог. Найзууд болон дотны хүмүүстэйгээ толгойгоо дохих юмуу эсвэл гараа даллан мэндэлдэг.

▍ мөргөл(큰절)

Солонгост хоолтой холбогдуулан хоорондоо бас мэндэлдэг. Өглөө, өдөр, оройн хоолны цаг өнгөрсөн ч гэсэн "Хоолоо идсэн үү?" гэж асуунгаа мэндэлдэг ба салахдаа "Дараа хамт хоол идэцгээе" гэсэн үгээр дараах уулзалтаа болзсон утгаар мэндэлдэг.

✱ Солонгосчууд өдөр тутамдаа хэрэглэдэг мэндчилгээний үгийг сурцгаая.

- 안녕? Сайн уу?
- 안녕하세요? Сайн байна уу?
- 안녕하십니까? Сайн байна уу?
- 안녕히 가세요. Сайн яваарай.
- 안녕히 계세요. Сайн сууж байгаарай.
- 안녕. Баяртай.
- 좋은 아침(입니다). Өглөөний мэнд.
- 아침/점심/저녁 드셨어요? Өглөө/өдөр/оройн хоолоо идсэн үү?
- 맛있게 드세요. Амтархан идээрэй.
- 잘 먹었습니다. Сайхан хооллолоо.
- 다음에 밥 한번 먹어요. Дараа хамтдаа хоолонд оръё.

Мэргэжил
직업

Хичээлийн зорилго
- -

- Өөрийн мэргэжлийг танилцуулж сурна.

Гол дүрэм
- -

- –아/어요, –고 있다, –ㅂ/습니다 -ж/ч байна(одоо цагийн нөхцөл)
- 안, –지 않다 -хгүй[4], -даггүй[4]

Соёлын хичээл
- -

- Солонгосын ажлын байран дээрх соёл

📝 Бичлэгийг сонсоод чанга дуугаар дагаж уншаад бичих дасгал хийгээд үзээрэй.

🎧 02-1

직업 мэргэжил	영어 Англи хэл	선생님 багш

회사원 компаний ажилтан	회사 компани	다니다 явах

무역회사 Олон улсын худалдааны компани	외국어 гадаад хэл	가르치다 заах

먹다 идэх	공부하다 хичээл хийх	배우다 сурах

있다 байх	닫다 хаах	달리다 гүйх

📢 Доорх зурагт таарсан үгийг хүснэгтнээс сонгон бичээрэй.

먹다	영어	회사원
선생님	가르치다	공부하다

①

_____

②

_____

③

_____

④

_____

⑤

_____

⑥

_____

정답 --- ① 선생님 ② 영어 ③ 회사원 ④ 먹다 ⑤ 가르치다 ⑥ 공부하다

Харилцан яриа | 회화

빌궁   수지 씨는 직업이 뭐예요?

수지   저는 영어 선생님이에요. 빌궁 씨는 직업이 뭐예요?

빌궁   저는 회사원이에요.

수지   무슨 회사를 다녀요?

빌궁   무역 회사를 다니고 있어요.

Орчуулга

Билгүүн	Сүжи та ямар мэргэжилтэй вэ?
Сүжи	Би Англи хэлний багш. Билгүүн таны мэргэжил юу вэ?
Билгүүн	Би компаний ажилтан.
Сүжи	Билгүүн та ямар компанид ажилладаг вэ?
Билгүүн	Олон улсын худалдааны компанид ажилладаг.

사라	마이클 씨는 무슨 일을 합니까?
마이클	저는 외국어 선생님입니다.
사라	무슨 외국어를 가르칩니까?
마이클	영어를 가르칩니다. 사라 씨는 무슨 일을 합니까?
사라	저는 일을 안 합니다. 저는 학생입니다.

Орчуулга

Capaa	Майкл ямар ажил хийдэг вэ?
Майкл	Би гадаад хэлний багш.
Capaa	Ямар гадаад хэл заадаг вэ?
Майкл	Англи хэл заадаг. Capaa та ямар ажил хийдэг вэ?
Capaa	Би ажил хийдэггүй. Би оюутан.

✱ Гол үг хэллэгийг тогтоогоод үгийг орлуулан олон янзаар дасгал хийгээд
үзээрэй.

직업이 뭐예요?
Ямар мэргэжилтэй вэ?

선생님이에요.
Багш.

Мэргэжил

선생님 багш	학생 сурагч, оюутан
공무원 төрийн ажилтан	회사원 компаний ажилтан
의사 эмч	약사 эм зүйч
강사 цагийн багш	주부 гэрийн эзэгтэй
관광 가이드 аялалын хөтөч	파출부 гэрийн үйлчлэгч/ажил зуучилдаг оффис

무슨 회사를 다녀요?
Ямар компанид ажилладаг вэ?

무역회사를 다녀요.
Гадаад худалдааны компанид
ажилладаг.

Компани

무역회사 гадаад худалдааны компани	음료회사 ундааны компани
의류회사 хувцасны компани	건설회사 барилгын компани
교육회사 боловсролын компани	식품회사 хүнсний компани
여행사 аялалын компани	출판사 хэвлэлийн газар
공장 үйлдвэр	인력사무소 ажил зуучилдаг оффис(эрэгтэй)

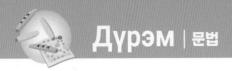

Дүрэм | 문법

❶ –아/어요 -ж/ч байна

Үйл үг болон тэмдэг нэрэн дээр залгагдаж одоо цагийг бүтээдэг –аа/어요 дүрэм. Солонгос хэлний үйл үг болон тэмдэг нэр нь бүгд –다 -аар төгссөн байдаг ба –다 -ийн урд байгааг '어간-үгийн үндэс' гэдэг.

가다 **오**다 **예쁘**다 **일하**다
어간   어간   어간   어간

–아/어요 нь үйл үг болон тэмдэг нэр үгийн үндсэн дээр залгагддаг. Энэ үед үгийн үндсийн эгшиг ㅏ, ㅗ байвал –아요, ㅏ, ㅗ эгшигээс өөр эгшигээр төгсвөл –어요 залгагдана. –하다 нь –해요 болно.

ㅏ, ㅗ	–아요	만나다 보다	만나 + 아요 보 + 아요	만나요 봐요
ㅏ, ㅗ 이외	–어요	있다 배우다 재미있다	있 + 어요 배우 + 어요 재미있 + 어요	있어요 배워요 재미있어요
–하다	–해요	일하다 공부하다		일해요 공부해요

Төгсгөлийн дуудлагыг өргөөд –아/어요?, –해요? гэж дуудвал асуух хэлбэр бас болно.

지금 가요? Одоо явж байна уу?

일해요? Ажил хийж байна уу?

❷ –고 있다 -ж/ч байна

Одоо цагийн үргэлжилсэн хэлбэр яг одоо үргэлжлүүлэн хийж байгаа зүйлийг илэрхийлсэн холбох нөхцөл. Үйл үгэн дээр залгагдана.

먹다 → 먹고 있다   읽다 → 읽고 있다
다니다 → 다니고 있다   일하다 → 일하고 있다
달리다 → 달리고 있다   나르다 → 나르고 있다

한국 회사를 다니고 있어요. Солонгос компанид ажиллаж байгаа.

저는 일하고 있어요. Би яг одоо ажил хийж байна.

짐을 나르고 있어요. Ачаагаа зөөж байна.

❸ –ㅂ/습니다 -ж/ч байна

–아/어요-ийн хүндэтгэлийн хэлбэр. Үйл үг болон тэмдэг нэрэн дээр залгагдана. Үйл үг болон тэмдэг нэрийн үгийн үндсийн сүүлийн үсэг 받침-аар төгсвөл –습니다, 받침-аар төгсөөгүй байвал –ㅂ니다 залгагдана.

받침 ○	–습니다	있다 재미있다 먹다	있 + 습니다 재미있 + 습니다 먹 + 습니다	있습니다 재미있습니다 먹습니다
받침 ✕	–ㅂ니다	만나다 가르치다 일하다	만나 + ㅂ니다 가르치 + ㅂ니다 일하 + ㅂ니다	만납니다 가르칩니다 일합니다

Төгсгөлийг нь өргөөд –ㅂ/습니까? гэж асуух хэлбэр ч бас болно.

영화가 재미있습니까? Кино сонирхолтой байна уу?

무슨 일 합니까? Ямар ажил хийдэг вэ?

❹ 안, –지 않다 -хгүй⁴, -даггүй⁴

Хоёулаа үйл үг болон тэмдэг нэрийн үгүйсгэсэн төгсгөх нөхцөл. Монголоор 'хгүй, биш' гэсэн нөхцөлд орно. 안 нь үйл үг болон тэмдэг нэр үгийн урд залгах ба –지 않다 нь үйл үг болон тэмдэг нэр үгийн үндсэн дээр залгагдана.

먹다 → 안 먹다 = 먹지 않다 идэхгүй

가다 → 안 가다 = 가지 않다 явахгүй

좋다 → 안 좋다 = 좋지 않다 гоё биш

만나다 → 안 만나다 = 만나지 않다 уулзахгүй

(Нэр үг)–하다-аар төгссөн үйл үг нь 안 нь бүгд 하다-гийн урд ирнэ.

일하다 → 일 안 하다 = 일하지 않다 ажил хийхгүй

공부하다 → 공부 안 하다 = 공부하지 않다 хичээл хийхгүй

쇼핑하다 → 쇼핑 안 하다 = 쇼핑하지 않다 дэлгүүр хэсэхгүй

1 Харилцан яриаг сонсоод агуулгатай адилхан зургийг сонгоно уу.

 02-4

① 　　　②

③ 　　　④

(1) _____　　(2) _____

(3) _____　　(4) _____

2 Харилцан яриаг сонсоод агуулгатай адилхан бол ○, адилхан биш байвал × гэж тэмдэглэнэ үү.

 02-5

(1) 　　(2) 　　(3)

_____　　_____　　_____

Бичих дасгал | 쓰기 연습

1 Дараахыг өгөгдсөн дүрмийн дагуу зөв хувиргаж бичнэ үү.

	–아/어요	–고 있어요	–ㅂ니다/습니다
먹다	먹어요	먹고 있어요	먹습니다
만나다			
배우다			
읽다			
앉다			
있다			
없다			
좋다			
일하다			
좋아하다			

2 Дараахыг өгөгдсөн дүрмийн дагуу зөв хувиргаж бичнэ үү.

	안	–지 않아요
먹다	안 먹어요	먹지 않아요
만나다		
배우다		
읽다		
앉다		
놀다		
보다		
좋다		
일하다		
좋아하다		

✳ Дараахыг уншаад агуулгатай адил бол ○, өөр байвал × гэж тэмдэглэнэ үү.

> 안녕하세요?
> 제 이름은 사라입니다.
> 저는 몽골 사람입니다.
> 저는 한국어를 배우고 있습니다.
> 한국어가 재미있습니다.
> 수지는 제 친구입니다.
> 수지는 한국 사람입니다.
> 수지는 태권도를 가르칩니다.
> 저는 태권도를 배우지 않습니다.

(1) 수지는 몽골 사람이다. (   )

(2) 사라는 한국어를 배운다. (   )

(3) 수지는 태권도를 가르친다. (   )

(4) 사라는 태권도를 배운다. (   )

* –ㅂ니다/습니다

🎧 02-6

Дэвсгэр үсэг ㅂ-гийн араас эхний авиа болох гийгүүлэгч ㄴ ирвэл ㅂ нь ㅁ үсгээр дуудагдана. Тиймээс –ㅂ니다 нь [–ㅁ니다]-аар дуудагдана.

합니다 [함니다]

감사합니다 [감사함니다]   죄송합니다 [죄송함니다]
예쁩니다 [예쁨니다]   만납니다 [만남니다]

'받침 + 습니다'-аас дэвсгэр үсэг нь дэвсгэр үсгийн дуудлагаараа дуудагдах ба 습-ийн ㅅ нь чанга авиагаар дуудагдаад [씀니다] гэж дуудагдана. 습니다-гийн урд дэвсгэр үсэг ㅎ байх үед ㅎ нь дуудагдахгүй.

반갑습니다 [반갑씀니다]

먹습니다 [먹씀니다]   입습니다 [입씀니다]
덥습니다 [덥씀니다]   고맙습니다 [고맙씀니다]
좋습니다 [조씀니다]   놓습니다 [노씀니다]

Солонгосын ажлын байран дээрх соёл

Солонгос улсад албан газрууд ихэвчлэн даваа гаригаас баасан гариг хүртэл ажлын 5 өдөр ажилладаг. Мөн өглөө 9 цагаас эхлээд үдээс хойш 6 цагт тардаг боловч албан байгууллагын онцлогоос шалтгаалаад ажлын цагийг өөрт тохируулж болдог системтэй байдаг.

Харин үдийн цайны цаг нь 1 цаг байдаг. Мөн Солонгосын ажилчид хамт ажилладаг хамт олноороо нөхөрлөлөө бэхжүүлэхийн тулд хаяадаа ажлын дараа нийллэг хийдэг.

Ажлын байран дээр нэр нэрээр нь дуудахаас илүүтэйгээр албан тушаалаар нь дуудах нь их байдаг. Албан тушаал нь 사원-대리-과장-차장-부장-이사-상무-사장 гэж дууддаг. Энгийн ажилтны хувьд нэрээр нь дуудах юмуу нэрийнх нь хойно '○○○ 씨' гэж дууддаг. Харин өөртэйгөө ижил албан тушаалтныг овгийн ард 김대리, 박차장 гэж албан тушаалаар нь дууддаг. Өөрөөсөө өндөр тушаалтай хүнийг дуудахдаа албан тушаалын араас 님-ыг залгаж 김대리님, 박차장님 гэж дууддаг.

Танилцах
소개

Хичээлийн зорилго

- Гэр бүл болон танилаа танилцуулж сурна.

Гол дүрэм

- 이/가 아니에요 비슈   • 의 -ын², -ы/ий   • 을/를 -ыг, -ийг
- –고 -аад⁴, ба/бөгөөд   • 숫자 Тоо

Соёлын хичээл

- '가족 кажуг' болон '식구 шиггү'

Шинэ үгээ урьдчилж харцгаая | 단어 미리보기

🔊 Бичлэгийг сонсоод чанга дуугаар дагаж уншаад бичих дасгал
хийгээд үзээрэй.

🎧 03-1

가족 사진	어머니	오빠
гэр бүлийн зураг	ээж	ах

남동생	가족	친구
эрэгтэй дүү	гэр бүл	найз

직장	동료	아니요/아니다
ажлын газар	хамт олон	үгүй

빵	찌개	신문
талх	шөл	сонин

책	수도	영화
ном	нийслэл хот	кино

[🔊] Доорх зурагт таарсан үгийг хүснэгтнээс сонгон бичээрэй.

찌개	신문	책
가족 사진	어머니	친구

①

_____

②

_____

③

_____

④

_____

⑤

_____

⑥

_____

정답 --- ① 책 ② 가족 사진 ③ 친구 ④ 찌개 ⑤ 신문 ⑥ 어머니

Харилцан яриа | 회화

🎧 03-2

빌궁	뭐 하고 있어요?
수지	가족 사진을 보고 있어요.
빌궁	이 사람은 누구예요?
수지	이 사람은 제 어머니예요.
빌궁	이 사람은 오빠예요?
수지	아니요, 오빠가 아니에요. 남동생이에요.
빌궁	가족이 총 세 명이에요?
수지	네, 저희 가족은 세 명이에요.

마이클	안녕하세요, 빌궁 씨?
빌궁	안녕하세요, 마이클 씨?
마이클	빌궁 씨, 이 사람은 제 친구 사라예요.
사라	안녕하세요?
빌궁	안녕하세요, 사라 씨? 저는 마이클 씨의 직장 동료이고, 이름은 빌궁입니다.
사라	만나서 반갑습니다.
빌궁	만나서 반갑습니다.

Орчуулга

Майкл	Сайн байна уу, Билгүүн?
Билгүүн	Сайн байна уу, Майкл?
Майкл	Билгүүн, энэ миний найз Сараа.
Сараа	Сайн байна уу?
Билгүүн	Сайн байна уу? Би Майклтай нэг газар ажилладаг хүн ба нэр Билгүүн.
Сараа	Уулзсандаа баяртай байна.
Билгүүн	Уулзсандаа баяртай байна.

Харилцан ярианы дасгал | 회화 연습

＊ Гол үг хэллэгийг тогтоогоод үгийг орлуулан олон янзаар дасгал хийгээд үзээрэй.

이 사람은 누구예요?
Энэ хүн хэн бэ?

이 사람은 제 어머니예요.
Энэ хүн миний ээж.

Гэр бүлийн холбоо

아버지/아빠 аав	어머니/엄마 ээж
형/오빠 ах	언니/누나 эгч
남/여동생 эрэгтэй/эмэгтэй дүү	삼촌 авга ах
이모 нагац эгч	사촌 үеэл
남편 нөхөр	아내 эхнэр

이 사람은 제 친구 사라예요.
Энэ хүн миний найз Сараа.

안녕하세요, 사라 씨?
Сайн байна уу, Сараа?

Танилууд

친구 найз	동창 нэг сургуулийн төгсөгчид
선배 дээд үеийнхэн	후배 доод үеийнхэн
직장 동료 ажлын хамт олон	직장 상사 дээд албан тушаалтан
여자 친구 эмэгтэй найз	남자 친구 эрэгтэй найз

Дүрэм | 문법

❶ 이/가 아니에요 биш

Нэр үгийн ард залгагдан ямар нэгэн зүйлийн үнэнийг эсэргүүцсэн утгыг илэрхийлнэ. –이에요/예요-тэй адилаар найз болон ойрхон хүмүүс хоорондоо хэрэглэдэг хүндэтгэлийн бус хэлбэр. Нэр үгийн сүүлийн үсэг받침-аар төгсвөл 이 아니에요, 받침-аар төгсөөгүй байвал 가 아니에요 залгагдана.

받침 ○	이 아니에요	일본 사람이 아니에요. 학생이 아니에요.
받침 ×	가 아니에요	바트가 아니에요. 의사가 아니에요.

A: 그 사람은 인도 사람이에요? Тэр хүн Энэтхэг хүн үү?

B: 아니요, 그 사람은 인도 사람이 아니에요. Үгүй, тэр хүн Энэтхэг хүн биш.

프랑스 사람이에요. Франц хүн.

A: 그 사람이 사라 씨예요? Тэр хүн Сараа юу?

B: 아니요, 사라 씨가 아니에요. Үгүй, Сараа биш.

그 사람은 유리 씨예요. Тэр хүн Юүри.

❷ 의 -ын², -ы/ий

Нэр үгэн дээр залгагдан өмнөх үг хойдох үгтэй эзэмшил болон хамааралтай болохыг илэрхийлсэн нөхцөл.

나/저 би	나의(내)/저의(제) миний	이/그/저 사람 энэ/тэр/тээр тэр	이/그/저 사람의 энэ/тэр/тээр тэр хүний
너 чи	너의(네) чиний	우리 бид	우리의/저희 бидний/манай
당신 та	당신의 таны	그들 тэд	그들의 тэдний

이것은 제 책이에요. Энэ миний ном.

저것은 친구의 핸드폰이에요. Тэр найзын гар утас.

몽골의 수도는 울란바토르예요. Монголын нийслэл нь Улаанбаатар.

❸ 을/를 -ыг, -ийг

Заахын тийн ялгал ба нэр үгэн дээр залгагдана. Нэр үгийн сүүлийн үсэг 받침 байвал 을, байхгүй бол 를 залгагдана. Ярианы хэллэг дээр заахын тийн ялгалыг залгахгүйгээр ярьдаг тохиолдол ч бас байдаг.

받침 ○	을	밥을, 옷을, 일을
받침 ✕	를	우유를, 영화를, 김치를

빵을 먹어요. Талх идэж байна.

신문을 읽어요. Сонин уншиж байна.

찌개를 먹어요. Шөл идэж байна.

영화를 봐요. Кино үзэж байна.

❹ -고 -аад[4], ба/бөгөөд

Хоёроос дээш өгүүлбэрийг зэрэгцүүлэн холбоход хэрэглэдэг холбох нөхцөл. Үйл үг, тэмдэг нэр, 이다/아니다 дээр залгагдана.

가다 → 가고   오다 → 오고   좋다 → 좋고
예쁘다 → 예쁘고   이다 → 이고   아니다 → 아니고

수지 씨는 성격이 좋고 예뻐요. Сүжи нь зан ааш сайтай ба хөөрхөн.

빌궁 씨는 회사원이고 지수 씨는 선생님이에요. Билгүүн компаний ажилтан ба Жисү багш.

❺ 숫자 Тоо

Тоонууд дунд 하나(1), 둘(2), 셋(3), 넷(4) нь нэр үгийг тодотгож өгдөг тооны үгээр хэрэглэгдэх үедээ 한, 두, 세, 네 гэсэн хэлбэрээр өөрчлөгдөнө. Үлдсэн тоонуудын хэлбэр өөрчлөгдөхгүй.

한 명 нэг хүн   두 사람 хоёр хүн

세 여자 гурван эмэгтэй   네 남자 дөрвөн эрэгтэй

다섯 명 таван хүн   여섯 사람 зургаан хүн

Сонсох дасгал | 듣기 연습

1 Дараахыг сонсоод тохирох зургийг сонгоно уу.

 03-4

①    ②

③    ④

(1) _____   (2) _____

(3) _____   (4) _____

2 Харилцан яриаг сонсоод агуулгатай адилхан бол ○, адилхан биш байвал ✕ гэж тэмдэглэнэ үү.

 03-5

(1) Сараа Майклын найз. (   )

(2) Билгүүн Майклын найз. (   )

(3) Билгүүн Майклтай хамт ажилладаг хүн. (   )

(4) Билгүүн Сараа найзууд. (   )

Бичих дасгал | 쓰기 연습

1 Дараах нөхцөл(을/를)ийг жишээтэй адилаар хоосон зайд нөхөж бичнэ үү.

> **Жишээ**
>
> 빵을 먹어요.

(1) 꿈_____ 꿔요.

(2) 영화_____ 봐요.

(3) 찌개_____ 먹어요.

(4) 신문_____ 읽어요.

(5) 가족_____ 소개해요.

2 Жишээтэй адилхан өгөгдсөн үгийг ашиглан өгүүлбэр зохиогоорой. Эхэнд өгөгдсөн үгийг дүрмийн дагуу зөв болгож бичээрэй.

> **Жишээ**
>
> (나, 아버지, 몽골 사람)
> → 제 아버지는 몽골 사람이에요.

(1) 그녀, 이름, 사라 _____

(2) 우리, 직업, 소방관 _____

(3) 그, 친구, 러시아 사람 _____

(4) 나, 아버지, 몽골 사람 _____

(5) 그 사람, 어머니, 한국 사람 _____

* Дараахыг уншаад агуулгатай адил бол ○, адилхан биш байвал ✕ гэж тэмдэглэнэ үү.

> 지수   바트 씨, 뭐 해요?
>
> 바트   가족 사진을 보고 있어요.
>
> 지수   이분들이 엄마, 아빠예요?
>
> 바트   네, 맞아요.
>
> 지수   이분은 누나예요?
>
> 바트   아니요, 누나가 아니에요. 여동생이에요.
>
> 지수   바트 씨 가족은 총 네 명이에요?
>
> 바트   네, 네 명이에요

(1) 바트는 가족과 전화하고 있다. (　　　)

(2) 바트는 누나가 있다. (　　　)

(3) 바트는 여동생이 있다. (　　　)

(4) 바트의 가족은 4명이다. (　　　)

* 의(ㅢ)

🎧 03-6

의 нь үгийн эхэнд орвол [의]/ыи/-ээр дуудагдана.

의자 [의자]	의사 [의사]
의리 [의리]	의견 [의견]

의 нь хамгийн урд биш 2 дах болон түүүнээс хойш үеэнд ирвэл [의]/ыи/-ээр дуудагдаж болох ба [이]/и/-ээр дуудагдаж бас болно.

회의 [회의/회이]	주의 [주의/주이]
강의 [강의/강이]	정의 [정의/정이]

Эгшиг ㅢ нь ㅇ-ээс өөр гийгүүлэгчтэй нийлэх үед [l]-ээр дуудагдана.

무늬 [무니]	희망 [히망]
저희 [저히]	너희 [너히]

Харъяалахын тийн ялгал болон үгийн төгсгөлд орсон тохиолдолд дуудлага нь [에]/э/-ээр дуудагдаж болно.

나의 [나의/나에]	우리의 [우리의/우리에]
누나의 [누나의/누나에]	친구의 [친구의/친구에]
어머니의 [어머니의/어머니에]	선생님의 [선생님의/선생님에]

가족(кажуг) болон 식구(шиггү)

   Солонгос хэлэнд 가족(кажуг) болон 식구(шиггү) гэдэг үг байдаг. 가족 нь эхнэр, нөхрөөр холбогдсон гэр бүл болон төрөл садангийн холбоотой хүмүүсийг хэлдэг бөгөөд хурим, цусан төрлийн болон үрчилж авсан гэр бүлээс бүтдэг. Хэдэн жилийн турш алс хол амьдардаг байсан ч гэсэн цусан холбоотой бол бүгд гэр бүлийн гишүүд юм. Харин эсрэгээр 식구 гэдэг нь нэг гэрт хамт амьдардаг, нэг тогооноос хооллодог хүмүүсийг хэлнэ.

   Жишээлбэл аав нь ажлын шалтгаанаас болоод хол байдаг гэр бүлүүд хичнээн тусдаа хол байдаг ч аавыгаа гэр бүл гэж хэлж болох ч 식구 гэх нь тохиромжгүй юм. Харин 식구 гэдэг нь "манай алба аль хэдийн ам бүл олуулаа болжээ" гэх мэт байгууллагын хамт олноо хэлж болох ч хэзээ ч гэр бүлтэй адилтгаж үздэггүй.

   가족 болон 식구 аль аль нь хамтдаа нэг орон зайд идэж уудж өмсөж зүүж хамтдаа цаг хугацааг өнгөрүүлдэг гэсэн утгаараа нэг орон зайд хамт амьдардаг гэдэг нь чухал юм. Гэвч 가족 нь нэг гэрт амьдрахгүй ч гэсэн гэр бүлийн харилцаа өөрчлөгддөггүй боловч эсрэгээрээ 식구 нь тийм биш юм. Энэ нь та байр түрээслэгч эсвэл түр хугацааны зочин байсан ч бай нэг ам бүл 식구 болох боломжтой. Харин нэг гэр бүл 가족 гэж дуудагдах боломжгүй юм.

Он сар өдөр, гариг, цаг
날짜, 요일, 시간

Хичээлийн зорилго

- Солонгос хэлээр он, сар, өдөр болон гариг цагийг хэлж сурна.

Гол дүрэм

- –(으)ㄹ 거예요 -на⁴   • N부터 N까지 -аас⁴ N хүртэл   • 에 -д/т   • 무슨 ямар

Соёлын хичээл

- Солонгосын онцгой тэмдэглэлт өдрүүд

Бичлэгийг сонсоод чанга дуугаар дагаж уншаад бичих дасгал хийгээд үзээрэй.

🎧 04-1

휴가 амралт	언제 хэзээ	월/달 сар
-------------------------------	-------------------------------	-------------------------------

일 өдөр	여행 аялал	어디 хаана
-------------------------------	-------------------------------	-------------------------------

저녁 орой	매주 долоо хоног бүр	같이 хамт
-------------------------------	-------------------------------	-------------------------------

케이크 торт	쉬다 амрах	몇 хэд
-------------------------------	-------------------------------	-------------------------------

바다 далай	방학 амралт	마시다 уух
-------------------------------	-------------------------------	-------------------------------

[🔊] Доорх зурагт таарсан үгийг хүснэгтнээс сонгон бичээрэй.

쉬다	일	바다
케이크	월	마시다

①

_____

②

_____

③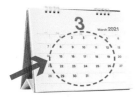

_____

④

_____

⑤

_____

⑥

_____

정답 --- ① 월 ② 케이크 ③ 일 ④ 마시다 ⑤ 쉬다 ⑥ 바다

Харилцан яриа | 회화

🎧 04-2

수지	빌궁 씨 휴가가 언제예요?
빌궁	8월 15일부터 22일까지예요.
수지	그래요? 휴가에 뭐 할 거예요?
빌궁	여행을 갈 거예요.
수지	어디 갈 거예요?
빌궁	부산 해운대에 갈 거예요.

Орчуулга

Сүжи	Билгүүн таны амралт хэзээ вэ?
Билгүүн	8 сарын 15-аас 22 хүртэл.
Сүжи	Тиймүү? Амралтаараа юу хийх вэ?
Билгүүн	Аялалаар явна.
Сүжи	Хаашаа явах вэ?
Билгүүн	Пусан Хэүндэ рүү явна.

마이클   사라 씨 저녁에 뭐 해요?

사라   공부해요.

마이클   무슨 공부를 해요?

사라   한국어 공부를 해요. 매주 금요일 저녁 6시
부터 8시 반까지 해요.

마이클   다음에 같이 해요.

Орчуулга

Майкл   Сараа орой юу хийдэг
вэ?
Сараа   Хичээлээ хийдэг.
Майкл   Ямар хичээл хийдэг вэ?
Сараа   Солонгос хэлний хичээл
хийдэг. Баасан гариг бүр
орой 6 цагаас 8 цаг хагас
хүртэл хийдэг.
Майкл   Дараа хамтдаа хийе.

✻ Гол үг хэллэгийг тогтоогоод үгийг орлуулан олон янзаар дасгал хийгээд үзээрэй.

> 몇 월 며칠이에요?
> Хэдэн сарын хэдний өдөр вэ?

> 8월 22일이에요.
> 8 сарын 22-ны өдөр.

Сар

일월 1 сар	이월 2 сар
삼월 3 сар	사월 4 сар
오월 5 сар	유월(육월 ✕) 6 сар
칠월 7 сар	팔월 8 сар
구월 9 сар	시월(십월 ✕) 10 сар
십일월 11 сар	십이월 12 сар

무슨 요일이에요?
Ямар гариг вэ?

금요일이에요.
Баасан гариг.

Гариг

월요일 Даваа гариг	화요일 Мягмар гариг
수요일 Лхагва гариг	목요일 Пүрэв гариг
금요일 Баасан гариг	토요일 Бямба гариг
일요일 Ням гариг	

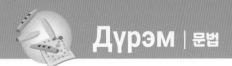

❶ -(으)ㄹ 거예요 -на[4]

Ирээдүй цагийн нөхцөл ба ярьж байгаа хүний таамаглалыг илэрхийлсэн нөхцөл. Үйл үг болон тэмдэг нэр үгийн үндсийн сүүлийн үсэг 받침-аар төгсвөл –을 거예요, 받침-аар төгсөөгүй байвал –ㄹ 거예요 залгагдана.

받침 ○	–을 거예요	먹을 거예요, 읽을 거예요
받침 ✕, ㄹ 받침 (ㄹ 탈락)	–ㄹ 거예요	갈 거예요, 마실 거예요 만들 거예요, 살 거예요

① 미래/의지 Ирээдүй цаг/төлөвлөгөө

이번 주말에 바다에 갈 거예요. Энэ амралтын өдрөөр далай явна.

오늘 저녁에 친구를 만날 거예요. Өнөөдөр орой найзтайгаа уулзана.

저는 한국어 공부를 할 거예요. Би Солонгос хэл сурна.

저는 운전면허를 딸 거예요. Би жолооны үнэмлэх авна.

저는 밥을 먹을 거예요. Би хоол иднэ.

② 추측 Таамаглал

빌궁은 (아마) 불고기를 좋아할 거예요. Билгүүн (магадгүй) Булкугинд дуртай байх.

내일 (아마) 추울 거예요. Маргааш (магадгүй) хүйтэн байх болно.

수지는 (아마) 빨간색을 고를 거예요. Сүжи (магадгүй) улаан өнгийг сонгох байх.

시험이 (아마) 어려울 거예요. Шалгалт (магадгүй) хэцүү байх болно.

❷ N부터 N까지 -аас[4] N хүртэл (N нь нэр үг)

Нэр үгэн дээр залгагдана. Үйлдэл болон нөхцөл байдлын эхлэл болон төгсгөлийг илэрхийлнэ. 부터-гийн урд эхлэл 까지-гийн урд төгсгөл ирнэ.

저녁 6시부터 8시까지 운동해요. Орой 6 цагаас 8 цаг хүртэл дасгал хийдэг.

월요일부터 토요일까지 일해요. Даваа гариагаас бямба гариг хүртэл ажил хийдэг.

12월부터 2월까지 방학이에요. 12 сараас 2 сар хүртэл сурагчдын амралт.

열두 시부터 한 시까지 점심을 먹어요. 12 цагаас нэг цаг хүртэл өдрийн хоол иддэг.

❸ 에 -д/т

Өгөх оршихын тийн ялгал ба нэр үгэн дээр залгагдана. Цаг хугацаа заасан нэр үгэн дээр залгагдан ямар нэгэн үйлдэл болон нөхцөл байдлыг илэрхийлнэ.

어제(өчигдөр), 오늘(өнөөдөр), 내일(маргааш), 모레(нөгөөдөр), 지금(одоо) гэх мэт үгэн дээр энэ нөхцөл залгагдахгүй.

생일에 케이크를 먹어요. Төрсөн өдрөөрөө торт иддэг.

일요일에 친구를 만나요. Ням гаригт найзтайгаа уулздаг.

주말에 쉬어요. Амралтын өдөр амардаг.

오늘 한국어를 공부해요. Өнөөдөр Солонгос хэлний хичээлээ хийнэ.

오늘에 한국어를 공부해요. (×)

내일 일해요. Маргааш ажил хийнэ.

내일에 일해요. (×)

❹ 무슨 ямар

무슨 юу нь тодорхой биш ямар нэгэн объект болон эд зүйлсийг асуух үед хэрэглэгдэнэ. 어떤-оор солиод бас хэрэглэж болно.

무슨
(어떤)

영화를 좋아해요? Ямар кинонд дуртай вэ?

차를 좋아해요? Ямар цайнд дуртай вэ?

일을 해요? Ямар ажил хийдэг вэ?

색깔을 좋아해요? Ямар өнгөнд дуртай вэ?

운동을 좋아해요? Ямар дасгалд дуртай вэ?

1 Агуулгыг сонсоод он сар өдрийг бичнэ үү.

🎧 04-4

(1) _____ 월 _____ 일　　　　(2) _____ 월 _____ 일

(3) _____ 월 _____ 일　　　　(4) _____ 월 _____ 일

2 Харилцан яриаг сонсоод агуулгатай адилхан бол ○, адилхан биш байвал ✕ гэж тэмдэглэнэ үү.

🎧 04-5

(1) Жисү өнөөдөр хичээлээ хийнэ. (　　　)

(2) Жисү Солонгос хэлний шалгалттай. (　　　)

(3) Солонгос хэлний шалгалт ням гаригт байгаа. (　　　)

1 Хоосон зайд 에 хэрэгтэй байвал бичээд хэрэггүй бол × гэж
тэмдэглээрэй.

(1) 일요일_____ 등산할 거예요?

(2) 내일_____ 뭐 해요?

(3) 주말_____ 영화를 봐요.

(4) 오늘_____ 친구를 만나요.

(5) 금요일_____ 뭐 해요?

2 Дараах жишээний адилаар бичнэ үү.

Жишээ

> 월요일부터 금요일까지 일할 거예요. (월요일, 금요일, 일하다)

(1) 금요일, 일요일, 쉬다 _____

(2) 아침, 저녁, 공부하다 _____

(3) 수요일, 토요일, 여행 가다 _____

(4) 9월, 12월, 학교에 가다 _____

(5) 이번 달, 다음 달, 바쁘다 _____

* Дараахыг уншаад агуулгатай адил бол ○, адилхан биш байвал × гэж тэмдэглэнэ үү.

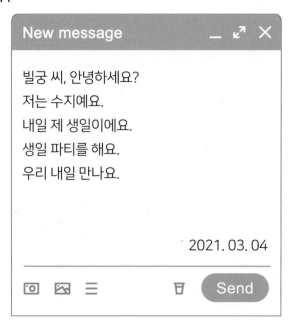

New message — ⤢ ✕

빌궁 씨, 안녕하세요?
저는 수지예요.
내일 제 생일이에요.
생일 파티를 해요.
우리 내일 만나요.

2021. 03. 04

Send

(1) 수지는 생일 파티를 할 것이다. (　　　)

(2) 수지의 생일은 3월 4일이다. (　　　)

(3) 수지의 생일은 3월 5일이다. (　　　)

✱ 받침소리

🎧 04-6

Солонгос хэлний 받침- дэвсгэр үсэг нь 16 гийгүүлэгчтэй боловч дуудлага нь 7 янзаар дуудагддаг.

받침	받침소리
ㄱ, ㄲ, ㅋ	[ㄱ]
ㄴ	[ㄴ]
ㄷ, ㅌ, ㅅ, ㅆ, ㅈ, ㅊ, ㅎ	[ㄷ]
ㄹ	[ㄹ]
ㅁ	[ㅁ]
ㅂ, ㅍ	[ㅂ]
ㅇ	[ㅇ]

● 받침소리 [ㄱ]

막 [막]　　　밖 [박]　　　억 [억]

● 받침소리 [ㄴ]

눈 [눈]　　　안 [안]

● 받침소리 [ㄷ]

곧 [곧]　　　밑 [믿]　　　옷 [옫]

있 [읻]　　　낮 [낟]　　　몇 [멷]

꽃 [꼳]　　　읗 [읃]

● 받침소리 [ㄹ]

물 [물]　　　발 [발]

● 받침소리 [ㅁ]

감 [감]　　　밤 [밤]

● 받침소리 [ㅂ]

입 [입]　　　앞 [압]　　　잎 [입]

● 받침소리 [ㅇ]

강 [강]　　　방 [방]

Солонгосын онцгой тэмдэглэлт өдрүүд

Солонгос улсад манай оронд байдаггүй соёл, тэмдэглэлт өдрүүд их байдаг. Тэрний нэг бол хүүхдийг төрсөн өдрөөс хойш зуун хоногийн дараа эцэг эх нь хүүхдийнхээ 100 хоногийн турш эрүүл саруул өсөж бойжлоо гэж тэмдэглэдэг баяр юм. Бас хүүхдийн нэг насны төрсөн өдрийг найз нөхөд төрөл төрөгсөдөө уриад тэмдэглэдэг. Энэхүү баярыг 돌잔치 гэж нэрлэдэг. Хүүхдийн ирээдүйг билэгшээж эзэмших мэргэжил, урт наслахыг бэлэгдэн утас, бал харандаа, микрофон, мөнгө зэрэг зүйлийг бэлдээд хүүхдээр сонгуулдаг ба үүнийг 돌잡이 гэж нэрлэдэг.

▎ нэг насны ой(돌잔치)   ▎ дулжаби(돌잡이)

Мөн эрт дээр үеэс өндөр настай хүмүүс 60 насны ой тэмдгэлдэг байсан үүнийг 환갑 гэж нэрлэдэг. Урьд нь өндөр настангуудын дундаж наслалт богино байсан учраас тэмдгэлдэг байсан. Сүүлийн үед дундаж наслалт уртсаж 60 насны баярыг тэмдэглэх нь багасаж 70 насны болон 80 насны төрсөн өдрийг тэмдэглэдэг болсон.

ХИЧЭЭЛ
05

Цаг агаар болон улирал
날씨와 계절

Хичээлийн зорилго

- Цаг агаар болон улиралын талаар сурна.

Гол дүрэм

- –았/었어요 -сан⁴   • –아/어지다 ... болох   • –아/어서 -аад⁴
- ㅂ дүрмийн бус хувирал

Соёлын хичээл

- Солонгосын 4 улирал

◎ Бичлэгийг сонсоод чанга дуугаар дагаж уншаад бичих дасгал
хийгээд үзээрэй.

🎧 05-1

여름 зун	날씨 цаг агаар	어떠하다 ямар
덥다 халуун	장마철 борооны улирал	끝나다 дуусах
계절 улирал	가을 намар	물놀이 усаар тоглох
많다 их	적다 бага	춥다 хүйтэн
피곤하다 ядрах	사다 худалдан авах	가깝다 ойрхон

[🔊] Доорх зурагт таарсан үгийг хүснэгтнээс сонгон бичээрэй.

적다	춥다	가을
물놀이	많다	덥다

① ↔ ②

_____   _____

③   ④

_____   _____

⑤ ↔ ⑥

_____   _____

정답 --- ① 덥다 ② 춥다 ③ 물놀이 ④ 가을 ⑤ 많다 ⑥ 적다

🎧 05-2

빌궁　수지 씨, 한국은 여름 날씨가 어때요?

수지　한국 여름은 날씨가 덥고 습해요.

빌궁　한국은 여름에 비가 많이 와요?

수지　네, 장마철에 비가 많이 와요. 장마가 끝나고
　　　더워져요.

Орчуулга	
Билгүүн	Сүжи Солонгост зун цаг агаар ямар вэ?
Сүжи	Солонгост зун халуун ба чийглэг байдаг.
Билгүүн	Солонгост зун бороо их ордог уу?
Сүжи	Тийм ээ, борооны улиралаар бороо их ордог. Борооны улирал дуусаад халуун болдог.

마이클	사라 씨는 무슨 계절을 좋아해요?
사라	가을을 좋아해요.
마이클	가을에 주로 무엇을 해요?
사라	날씨가 좋아서 여행을 많이 가요. 작년 가을에는 경주에 갔어요. 마이클 씨는 어때요?
마이클	저는 물놀이를 좋아해서 여름이 좋아요.

Орчуулга

Майкл	Сараа та ямар улиралд дуртай вэ?
Сараа	Намарт дуртай.
Майкл	Намар ихэвчлэн юу хийдэг вэ?
Сараа	Цаг агаар гоё болохоор аялалаар их явдаг. Өнгөрсөн жил намар Кёнжү явсан. Майкл нь яадаг вэ?
Майкл	Би усаар тоглох дуртай болохоор зун гоё.

Харилцан ярианы дасгал | 회화 연습

* Гол үг хэллэгийг тогтоогоод үгийг орлуулан олон янзаар дасгал хийгээд үзээрэй.

날씨가 어때요?
Цаг агаар ямар байна вэ?

덥고 습해요.
Халуун бас чийглэг байна.

Цаг агаар

덥다 халуун	춥다 хүйтэн
건조하다 хуурай	습하다 чийгтэй
맑다 цэлмэг	따뜻하다 дулаахан
시원하다 сэнгэнэх	선선하다 сэрүүхэн
흐리다 бүрхэг	바람이 불다 салхитай
비가 오다 бороо орох	눈이 오다 цас орох

봄(여름/가을/겨울)에 뭐 해요?
Хавар(зун/намар/өвөл) юу хийдэг вэ?

꽃구경을 가요.
Цэцэг үзэхээр явдаг.

Улирал бүр хийдэг онцгой зүйл

꽃구경을 가요 цэцэг үзэхээр явдаг	벚꽃 놀이를 가요 Сакура цэцэг үздэг
수영을 해요 усанд сэлдэг	물놀이를 해요 усаар тоглодог
등산을 해요 ууланд гардаг	단풍놀이를 가요 намрын улаан навч үзэхээр явдаг
캠핑을 가요 майхантай аялал хийдэг	눈썰매를 타요 чаргаар гулгадаг
스키를 타요 цанаар гулгадаг	스노보드를 타요 сноүборд унадаг

❶ –았/었어요 -сан[4]

Нөхцөл байдал болон үйл явдал өрнөж байгаа үеийн өнгөрсөн цагийг илэрхийлэх нөхцөл. Үйл үг, тэмдэг нэр, 이다/아니다 дээр залгагдана.

ㅏ, ㅗ	–았어요	가다 오다	가 + 았어요 오 + 았어요	갔어요 왔어요
ㅏ, ㅗ 이외	–었어요	먹다 배우다 이다	먹 + 었어요 배우 + 었어요 이 + 었어요	먹었어요 배웠어요 이었어요
–하다	–했어요	일하다, 공부하다		일했어요, 공부했어요

'Нэр үг + 이었어요'-аас нэр үг нь дэвсгэр үсгээр төгсөөгүй байвал 이었어요 нь 였어요 болон хураангуйлагдана.

　선생님이었어요.　Багш байсан.

　의사였어요.　Эмч байсан.

● –았/었습니다 -сан[4]

–았/었어요-ийн хүндэтгэлийн хэлбэр ба үйл үг, тэмдэг нэрэн дээр залгагдана.

ㅏ, ㅗ	–았습니다	가다, 오다	갔습니다, 왔습니다
ㅏ, ㅗ 이외	–었습니다	먹다, 배우다	먹었습니다, 배웠습니다
–하다	–했습니다	일하다, 공부하다	일했습니다, 공부했습니다

❷ –아/어지다 ... болох

Ямар нэгэн зүйлийг хийх болох юмуу аяндаа ямар нэгэн байдлаар өөрчлөгдсөн зүйлийг илэрхийлэхэд хэрэглэх нөхцөл. Үйл үг болон тэмдэг нэрийн араас залгана.

ㅏ, ㅗ	–아지다	많다	많 + 아지다	많아지다
ㅏ, ㅗ 이외	–어지다	적다	적 + 어지다	적어지다
–하다	–해지다	날씬하다		날씬해지다

　요즘 일이 많아졌어요.　Сүүлийн үед ажил их болсон.

　운동해서 날씬해졌어요.　Дасгал хийгээд туранхай болсон.

❸ –아/어서 -аад[4]

Үйл үг, тэмдэг нэр, 이다/아니다 дээр залган учир шалтгааныг илэрхийлнэ. Үйл үг, тэмдэг нэрийн үгийн үндсийн эгшиг ㅏ, ㅗ байвал –아서, бусад эгшиг байвал –어서 залгагдана. –하다 нь –해서 болно.

ㅏ, ㅗ	–아서	가다 오다	가 + 아서 오 + 아서	가서 와서
ㅏ, ㅗ 이외	–어서	먹다 배우다 이다	먹 + 어서 배우 + 어서 이 + 어서	먹어서 배워서 이어서
–하다	–해서	일하다, 공부하다		일해서, 공부해서

비가 와서 우산을 샀어요. Бороо ороод шүхэр худалдаж авсан.

일을 많이 해서 피곤해요. Ажил их хийгээд ядарсан.

'Нэр үг + 이어서'-аас нэр үг нь дэвсгэр үсгээр төгсөөгүй байвал 이어서 нь 여서 болон хураангуйлагдана.

시험이어서 шалгалт болохоор   최고여서 мундаг болохоор

학생이어서 сурагч болохоор   의사여서 эмч болохоор

❹ ㅂ дүрмийн бус хувирал

Үгийн үндсийн дэвсгэр үсэг ㅂ-ээр төгссөн үг эгшигтэй уулзвал ㅂ нь 오/우 болон хувирдаг тохиолдол байдаг.

Дүрмийн бус хувирал		Дүрмийн хувирал	
돕다	도오 + 아요 → 도와요	잡다	잡 + 아요 → 잡아요
곱다	고오 + 아요 → 고와요	좁다	좁 + 아요 → 좁아요
덥다	더우 + 어요 → 더워요	뽑다	뽑 + 아요 → 뽑아요
춥다	추우 + 어요 → 추워요	씹다	씹 + 어요 → 씹어요
가깝다	가까우 + 어요 → 가까워요	접다	접 + 어요 → 접어요
고맙다	고마우 + 어요 → 고마워요	입다	입 + 어요 → 입어요

Сонсох дасгал | 듣기 연습

---

1 Дараахыг сонсоод тохирох зургийг сонгоно уу.

🎧 05-4

①

②

③

④

(1) _____   (2) _____

(3) _____   (4) _____

---

2 Дараахыг сонсоод агуулгатай таарах үгийг холбож зурна уу.

🎧 05-5

(1) Улаанбаатар •   • ① бүрхэг

(2) Сөүл •   • ② дулаахан

(3) Пусан •   • ③ цэлмэг

(4) Амралтын өдөр •   • ④ хүйтэн

Бичих дасгал | 쓰기 연습

1 Дараахыг өгөгдсөн дүрмийн дагуу зөв хувиргаж бичнэ үү.

	–았/었어요	–아/어서
눕다	누웠어요	누워서
맵다		
무겁다		
쉽다		
아름답다		
어렵다		
줍다		
접다		
좁다		
뽑다		

2 Жишээтэй адилаар өгүүлбэрийг гүйцээж бичнэ үү.

> **Жишээ**
>
> 가: 어제 뭐 했어요?
> 나: <u>영화를 봤어요</u>. (영화를 보다)

(1) 주말에 뭐 했어요? (친구를 만나다)

_____

(2) 지난주 토요일에 뭐 했어요? (쇼핑하다)

_____

(3) 월요일에 뭐 했어요? (한국어를 공부하다)

_____

(4) 오늘 아침에 뭐 했어요? (운동하다)

_____

* Дараахыг уншаад агуулгатай адил бол ○, адилхан биш байвал ✕ гэж тэмдэглэнэ үү.

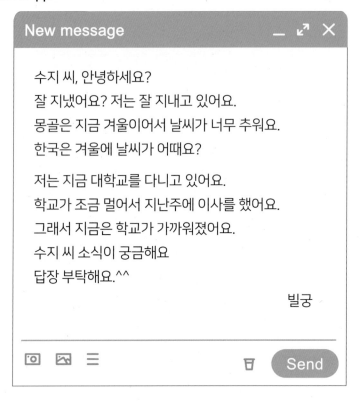

New message _ ⤢ ✕

수지 씨, 안녕하세요?

잘 지냈어요? 저는 잘 지내고 있어요.

몽골은 지금 겨울이어서 날씨가 너무 추워요.

한국은 겨울에 날씨가 어때요?

저는 지금 대학교를 다니고 있어요.

학교가 조금 멀어서 지난주에 이사를 했어요.

그래서 지금은 학교가 가까워졌어요.

수지 씨 소식이 궁금해요

답장 부탁해요.^^

빌궁

Send

(1) 몽골은 겨울에 날씨가 춥지 않다. (   )

(2) 빌궁은 지금 학교를 다니고 있다. (   )

(3) 빌궁은 이사하고 집이 학교에서 멀어졌다. (   )

(4) 빌궁은 답장을 기다린다. (   )

✱ 겹받침

 05-6

Өөр хоорондоо хоёр өөр гийгүүлэгчээс бүтсэн дэвсгэр үсгийг давхар дэвсгэр үсэг гэнэ. Давхар гийгүүлэгч нь хоёр гийгүүлэгчийг нийлүүлэн хэрэглэгддэг боловч дуудахдаа урд талын гийгүүлэгч болон ард талын гийгүүлэгчийн аль нэгээр нь дуудна. Давхар дэвсгэр үсгийн дуудлаганд өөрөөр дуудах тохиолдол ч бас байдаг ба, эндээс төлөөлөгч дуудлагыг авч үзэцгээе.

● Өмнөх гийгүүлэгчээр дуудагддаг тохиолдол

받침	받침소리	예
ㄳ	[ㄱ]	넋 [넉], 몫 [목]
ㄵ	[ㄴ]	앉 [안]
ㄴㅎ	[ㄴ]	많 [만], 않 [안]
ㄼ	[ㄹ]	넓 [덜], 넓 [널]
ㄽ	[ㄹ]	곬 [골]
ㄾ	[ㄹ]	핥 [할]
ㅀ	[ㄹ]	앓 [알], 싫 [실]
ㅄ	[ㅂ]	값 [갑], 없 [업]

● Ард орсон гийгүүлэгчээр дуудагддаг тохиолдол

받침	받침소리	예
ㄺ	[ㄱ]	닭 [닥], 흙 [흑]
ㄻ	[ㅁ]	앎 [암], 삶 [삼]
ㄿ	[ㅂ]	읊 [읍]

Солонгосын 4 улирал

Солонгос улс нь Ази тивийн зүүн захын хойг дээр оршдог. Солонгосын газар нутгийн 70% нь уул нуруудаас бүрдсэн бөгөөд зүүн талаараа уулархаг баруун тийшээ тэгш газар болон гол горхиор бүрдсэн.

Солонгос улс нь хавар, зун, намар, өвөл 4 улиралтай. Солонгос нь нутаг дэвсгэрийн хувьд бага хэдий ч бүс бүсээрээ өөр өөр уур амьсгалтай байдаг. Уулархаг нутгаар өвөлдөө цас их унадаг бол өмнөд нутгаар их салхитай байн, байн далайн хар салхи гардаг.

хавар

зун

намар

өвөл

Хаврын улирал 3-5 сар бөгөөд Сакура цэцгийн улирал хэмээн нэрлэдэг. Ердийн үед 5-20 градус дулаан байдаг.

Зун нь 6-8 сарын хооронд болж өнгөрдөг бөгөөд халуун чийгтэй уур амьсгалтай байдаг. Мөн зуны улиралд бороо их ордог ба борооны улирал нь 6 сарын сүүлээс 7 сарын сүүл хүртэл үргэлжилдэг. Харин борооны улирал дуусвал халуун ихсэж Солонгосчууд халууны амралтаа авч далайн эрэг рүү амрахаар явцгаадаг.

Намар нь 9-11 сар хүртэл үргэлжилдэг. Ихэнх үед тэнгэр цэлмэг байдаг бөгөөд өнгө өнгийн навчис дэлгэрдэг. Намрын улиралд 단풍 гэдэг улаан навчийг харахаар уул хад болон цэцэрлэгт хүрээлэнгээр их аяладаг.

Өвлийн улирал нь 12-2 сар хүртэл үргэлжилдэг. Температурын хувьд хүйтэндээ -15°C хүртэл хүйтэрдэг. Солонгос улс нь далайгаар хүрээлэгдсэн улс учраас чийглэг хүйтэн уур амьсгалтай байдаг. Цаг агаар хүйтэрдэг тул байр савны дотор халаалтын төхөөрөмж ажиллуулах шаардлагатай болдог. Тиймээс Солонгос байрнууд нь шалнаасаа халах системтэй байдаг.

ХИЧЭЭЛ

06

Тээврийн хэрэгсэл, байршил
교통수단, 위치

Хичээлийн зорилго

- Тээврийн хэрэгсэл ашиглах болон байршил илэрхийлэх талаар сурна.

Гол дүрэм

- 이/가 있다/없다 нь/бол байна/байхгүй   • 에 -д/т   • 에서 -аас[4]
- (으)로 -аар[4]   • ㄷ дүрмийн бус хувирал

Соёлын хичээл

- Солонгосын нийтийн тээврийн хэрэгсэл

⚙ Бичлэгийг сонсоод чанга дуугаар дагаж уншаад бичих дасгал хийгээд үзээрэй.

🎧 06-1

| 어떻게
яаж | 타다
суух | 버스 정류장
автобусны буудал |

| 지하철역
метроны буудал | 얼마나
хэр их | 반
хагас |

| 쯤
ойролцоо | 바로
шууд | 손
гар |

| 묻다
асуух | 커피숍
кафе | 집
гэр |

| 여기
энэ | 핸드폰
гар утас | 전화
утас |

[🔊] Доорх зурагт таарсан үгийг хүснэгтнээс сонгон бичээрэй.

커피숍	집	전화
버스 정류장	핸드폰	지하철역

①

_____

②

_____

③

_____

④

_____

⑤

_____

⑥

_____

정답 --- ① 버스 정류장 ② 집 ③ 지하철역 ④ 커피숍 ⑤ 핸드폰 ⑥ 전화

🎧 06-2

빌궁	실례합니다. 여기에서 동대문에 어떻게 가요?
행인	6001번 버스를 타세요.
빌궁	아, 6001번이요?
	버스 정류장이 어디에 있어요?
행인	지하철역 옆에 있어요.
빌궁	지하철역은 어디에 있어요?
행인	저기 은행 앞에 있어요.
빌궁	네, 감사합니다.

Орчуулга

Билгүүн	Өршөөгөөрэй. Эндээс Тундэмүн рүү яаж явах вэ?
Замын хүн	6001 номерын автобусанд суугаарай.
Билгүүн	Аан, 6001 номерт уу? Автобусны буудал хаана вэ?
Замын хүн	Метроны буудлын хажууд байгаа.
Билгүүн	Метроны буудал хаана байдаг вэ?
Замын хүн	Тэнд банкны урд байгаа.
Билгүүн	За, баярлалаа.

사라	마이클 씨, 집에서 학교까지 얼마나 걸려요?
마이클	1시간 반쯤 걸려요.
사라	학교에 무엇을 타고 가요?
마이클	지하철로 가요.
사라	지하철역은 집에서 가까워요?
마이클	네, 집 앞에 바로 지하철역이 있어요.

Орчуулга

Сараа	Майкл гэрээсээ сургууль хүртэл хэр хугацаа зарцуулдаг вэ?
Майкл	Цаг хагас орчим зарцуулдаг.
Сараа	Сургуульдаа юунд сууж явдаг вэ?
Майкл	Метрогоор явдаг.
Сараа	Метроны буудал нь гэрээс нь ойрхон уу?
Майкл	Тиймээ гэрийн яг урд метроны буудал байгаа.

✱ Гол үг хэллэгийг тогтоогоод үгийг орлуулан олон янзаар дасгал хийгээд үзээрэй.

> 동대문에 어떻게 가요?
> Тундэмүн рүү яаж явах вэ?

> 6001번 버스를 타세요.
> 6001 номерын автобусанд суугаарай.

Тээврийн хэрэгсэл

버스 автобус	택시 такси
지하철 метро	자동차 машин
기차 галт тэрэг	공항버스 онгоцны буудал явдаг автобус
비행기 онгоц	유람선 усан онгоц
시외버스 хот хоорондын автобус	*걸어서 가다 алхаад явах

지하철역은 어디에 있어요?
Метроны буудал хаана вэ?

은행 앞에 있어요.
Банкны урд байгаа.

Байршил

앞 өмнө/урд	뒤 ард хойно
옆 хажууд	사이 дунд
왼쪽 зүүн зүг	오른쪽 баруун зүг
안 дотор	밖 гадаа
위 дээр	아래 доор

❶ 이/가 있다/없다 нь/бол байна/байхгүй

Ямар нэгэн зүйл орон зай эзлэж байгаа болон ямар нэгэн зүйлийг эзэмшиж байгаа нөхцөл байдлыг хэлнэ. Нэр үгийн сүүлийн үсэг받침 байвал 이 있다/없다, 받침-аар төгсөөгүй байвал 가 있다/없다 залгагдана. Ярианы дээр 이/가 хэлэгдэхгүй үе бас байдаг.

가방이 있다. Цүнх байна.   모자가 있다. Малгай байна.

가방이 없다. Цүнх байхгүй.   모자가 없다. Малгай байхгүй.

❷ 에 -д/т

Нэр үгэн дээр залгаж, тэр нэр үг нь ямар нэгэн зүйл байгаа газрыг илэрхийлэх нөхцөл.

위에 있어요. Дээр байна.

저기에 있어요. Тэнд байна.

'явах, ирэх' гэх мэт үйл үгтэй хамтдаа хэрэглэгдэж үйлдлийн үйл явц болон чиглэл зорьсон газрыг бас илэрхийлнэ.

장소 에 가다/오다

동대문에 가요. Түндэмүн рүү явж байна.

집에 와요. Гэрлүүгээ ирж байна.

저는 지금 집에 가고 있어요. Би яг одоо гэрлүүгээ явж байна.

내일 몽골에 갈 거예요. Маргааш Монгол руу явна.

❸ 에서 -аас⁴

Нэр үгэн дээр залгаж, тэр нэр үг нь ямар нэгэн үйлдэл болон нөхцөл байдлын хөдлөх газар юмуу эхлэлийг илэрхийлнэ.

집에서 학원까지 멀어요? Гэрээс дамжаа хүртэл хол уу?

회사에서 집까지 얼마나 걸려요? Ажлаас гэр хүртэл хэр удах вэ?

여기에서 서울역까지 어떻게 가요? Эндээс Сөүл буудал хүртэл яаж явах вэ?

회사에서 와요? Ажлаасаа ирж байна уу?

Ямар нэгэн үйлдэл үргэлжилж байгаа газрыг бас илэрхийлнэ.

커피숍에서 커피를 마셔요. Кафед кофе ууж байна.

교실에서 공부해요. Ангид хичээлээ хийж байна.

❹ (으)로 -аар[4]

Нэр үгэн дээр залгагдан ямар нэгэн эд зүйлийн материал болон хэрэгсэл болохыг илэрхийж буй нөхцөл. 로 нь 받침 байхгүй нэр үг юмуу ㄹ-аар төгссөн нэр үгийн ард залгагдах ба 으로 нь ㄹ-ээс гадна 받침 байгаа нэр үгэн дээр залгагдана.

> 받침 ○ + 으로
> 받침 ×, ㄹ 받침 + 로

이 핸드폰으로 전화했어요. Энэ гар утсаар ярисан.

학교에 지하철로 가요. Сургуульдаа метрогоор явдаг.

비누로 손을 씻었어요. Савангаар гараа угаасан.

❺ ㄷ дүрмийн бус хувирал

Үгийн үндсийн дэвсгэр үсэг ㄷ үсгээр төгссөн үг эгшигтэй таарвал ㄷ нь ㄹ болж хувирдаг тохиолдол байдаг.

Дүрмийн бус хувирал		Дүрмийн хувирал	
걷다	걷 → 걸 + 어요 → 걸어요	닫다	닫 + 아요 → 닫아요
묻다	묻 → 물 + 어요 → 물어요	받다	받 + 아요 → 받아요
듣다	듣 → 들 + 어요 → 들어요	뜯다	뜯 + 어요 → 뜯어요
싣다	싣 → 실 + 어요 → 실어요	믿다	믿 + 어요 → 믿어요

길을 물어요. Зам асууж байна.

음악을 들어요. Хөгжим сонсож байна.

Сонсох дасгал | 듣기 연습

1 Дараахыг сонсоод тохирох зургийг сонгоно уу.

 06-4

①

②

③

④

(1) _____

(2) _____

(3) _____

(4) _____

2 Харилцан яриаг сонсоод агуулгатай адилхан бол ○, адилхан биш байвал × гэж тэмдэглэнэ үү.

 06-5

(1) Цүнх ширээний хажууд байна. (   )

(2) Календарь ширээн дотор байгаа. (   )

(3) Цаг ханан дээр байна. (   )

(4) Тооны ном зохиолын номын завсар байна. (   )

1 Жишээтэй адилаар өгүүлбэрийг гүйцээж бичнэ үү.

> **Жишээ**
>
> 저는 학교에 버스로 가요.

(1) 신용카드_____ 결제해요.

(2) 저는 지하철_____ 학원에 가요.

(3) 교통카드를 현금_____ 사요.

(4) 핸드폰_____ 게임하고 있어요.

(5) 택시_____ 10분 정도 걸려요.

2 Жишээтэй адилаар өгүүлбэрийг гүйцээж бичнэ үү.

> **Жишээ**
>
> 저는 도서관에 있어요.
> 저는 도서관에서 공부를 해요.

(1) 언니가 시장_____ 있어요.
    언니가 시장_____ 과일을 사요.

(2) 사라는 학교_____ 있어요.
    사라는 학교_____ 한국어를 배워요.

(3) 엄마가 집_____ 있어요.
    엄마가 집_____ 요리해요.

(4) 친구가 공원_____ 있어요.
    친구가 공원_____ 운동하고 있어요.

✳ Дараахыг уншаад агуулгатай адил бол ○, адилхан биш байвал × гэж тэмдэглэнэ үү.

제 방에는 책상, 의자, 컴퓨터, 책장, 창문, 시계가 있어요.
시계는 벽 위에 있어요.
책상은 창문 앞에 있고 책장은 책상 옆에 있어요.
책상 위에는 책이 있어요.
책상 앞에 의자가 있고, 책상 아래에 서랍이 있어요.
컴퓨터는 책상 왼쪽에 있어요.

(1) 시계는 책상 위에 있다. (   )

(2) 책상 앞에 창문이 있다. (   )

(3) 책은 책상 위에 있다. (   )

(4) 서랍이 책장 위에 있다. (   )

(5) 컴퓨터는 책상 왼쪽에 있다. (   )

✻ 연음 법칙 (1)

🎧 06-6

연음 법칙 гэдэг нь дэвсгэр үсэг байгаа үеийн араас эгшигээр эхэлсэн үг ирэх үед, тэр дэвсгэр үсэг нь дараах үеийн эхний дуудлага руу шилжин дуудагдах үзэгдэлийг хэлнэ. Эхлээд, дан дэвсгэр үсгийн талаар үзэцгээе.

얼음 [어름]

꽃을 [꼬츨]	먹이 [머기]
책이 [채기]	같은 [가튼]
한국어 [한구거]	모국어 [모구거]
먹어요 [머거요]	이름이 [이르미]
신문을 [신무늘]	부엌이 [부어키]

Дэвсгэр үсэг ㅎ-гийн араас эгшиг орвол ㅎ үсэг дуудагдахгүй. ㅎ нь гээгдэнэ.

좋아요 [조아요]	놓아요 [노아요]
넣어요 [너어요]	낳아요 [나아요]

Дэвсгэр үсэг ㅇ байх үед өөрчлөлт байхгүй.

방이 [방이]	빵이 [빵이]
강은 [강은]	땅은 [땅은]

Хос дэвсгэр үсгийн хувьд ч бас дараагийн үе рүү шилжин тэр хэвээрээ дуудагдана.

밖이 [바끼]	깎아 [까까]
갔어 [가써]	있어 [이써]

Солонгосын нийтийн тээврийн хэрэгсэл

Солонгосын нийтийн тээврийн хэрэгсэл нь олон төрөл байдаг. Тэр дундаас хурдны галт тэрэг 'KTX' болон газар доогуур явдаг метро(지하철) нь дэлхийд алдартай. Метро нь Сөүл(서울), Инчон(인천), Кёнгиду(경기도) болон Пусан(부산), Тэгү(대구), Гуанжу(광주), Тэжон(대전) гэх мэт томоохон хотуудад үйлчилгээ явуулдаг. Замын түгжрэл үүсэх асуудалгүй тул түгээмэл хэрэглэдэг тээврийн хэрэгсэлийн нэг юм. Сөүл хотод 10 төрлийн метроны шугам байдаг бөгөөд бүгд өөр өөр өнгөөр тэмдэглэсэн байдаг нь сонирхолтой.

Харин автобус нь 시내버스 болон 시외버스 байдаг. 시외버스 нь хот хооронд зорчихдоо хэрэглэдэг автобус бөгөөд 시내버스 хот дотор зорчидог автобус юм. Замын хөдөлгөөнөөс шалтгаалаад өнгө нь өөр өөр байдаг. 마을버스 нь хотхон хороолол дотор зорчидог бөгөөд метроны буудал хот хооронд зорчидог автобусны буудлуудыг холбож өгдөг тээврийн хэрэгсэл юм.

| метро

| автобус

Солонгост тээврийн хэрэгсэлээр явахдаа дамжин суух хөнгөлөлт 환승 할인 авах боломжтой байдаг. 환승 할인 нь автобуснаас автобус руу, метроны буудал дотор, автобус метроруу дамжиж суухад хөнгөлөлт авах боломжтой. Энэхүү хөнгөлөлтийг авахын тулд зайлшгүй нийтийн тээврийн карттай байх ёстой бөгөөд үүнийг 티머니 гэж нэрлэдэг. Энэ картыг зөвхөн нийтийн тээврийн хэрэгсэл биш 24 цагийн дэлгүүрт ч ашиглах боломжтой байдаг.

Дэлгүүр хэсэх

쇼핑

Хичээлийн зорилго

- Дэлгүүрээс үнэ төлбөрийг асууж хэрэгтэй зүйлээ худалдан авч сурна.

Гол дүрэм

- –(으)려고 하다 -х гэж байна • –아/어 보다 -ж/ч үзэх • 도 ч бас • 에 нь
- 와/과, 하고 ба, бөгөөд, болон • –(으)세요 -аарай[4]

Соёлын хичээл

- Солонгосчуудын дэлгүүр орох соёл

Бичлэгийг сонсоод чанга дуугаар дагаж уншаад бичих дасгал хийгээд үзээрэй.

🎧 07-1

찾다 хайх	**셔츠** цамц	**이쪽에** энэ зүгт
한번 нэг удаа	**입다** өмсөх	**주다** өгөх
모두 бүгд	**울다** уйлах	**읽다** унших
운동하다 дасгал хийх	**우유** сүү	**주스** жүүс
쇼핑하다 дэлгүүр хэсэх	**무슨** ямар	**여행 가다** аялалаар явах

[♠] Доорх зурагт таарсан үгийг хүснэгтнээс сонгон бичээрэй.

셔츠	우유	주스
쇼핑하다	운동하다	울다

①

_____

②

_____

③

_____

④

_____

⑤

_____

⑥

_____

정답 ┄┄ ① 운동하다 ② 쇼핑하다 ③ 셔츠 ④ 울다 ⑤ 주스 ⑥ 우유

Харилцан яриа | 회화

판매원 어서 오세요. 무엇을 찾으세요?

빌궁 셔츠를 보려고요.

판매원 네, 이쪽에 있어요. 한번 입어 보세요.

빌궁 이 셔츠 한 벌하고, 이 바지도 한 벌 주세요.
모두 얼마예요?

판매원 65,000원이에요.

빌궁 여기 있습니다.

판매원 고맙습니다.

Орчуулга

Худалдагч	Тавтай морилно уу. Танд юу хэрэгтэй вэ?
Билгүүн	Цамц үзэх гэсэн юм.
Худалдагч	Тиймээ, энэ зүгт байгаа. Нэг өмсөөд үзээрэй.
Билгүүн	Энэ цамц нэг ширхэг ба, энэ өмд ч бас нэгийг авъя. Бүгд хэд вэ?
Худалдагч	65,000 вон.
Билгүүн	Энд байна.
Худалдагч	Баярлалаа.

사라 사과 얼마예요?

주인 1 개에 1,500원이에요.

사라 바나나하고 포도는 얼마예요?

주인 한 송이에 3,000원이에요.

사라 바나나하고 포도 한 송이, 사과 두 개 주세요.

주인 7,500원입니다. 사과 한 개는 덤이에요.

사라 고맙습니다.

주인 또 오세요.

Орчуулга

Сараа	Алим хэд вэ?
Эээн	Нэг ширхэг нь 1,500 вон.
Сараа	Гадил болон усан үзэм хэд вэ?
Эээн	Нэг багц нь 3,000 вон.
Сараа	Гадил болон усан үзэм нэг багц, алим 2 ширхэгийг өгөөч.
Эээн	7,500 вон. Алим нэг нь үнэгүй шүү.
Сараа	Баярлалаа.
Эээн	Дахиад ирээрэй.

07 쇼핑 119

＊ Гол үг хэллэгийг тогтоогоод үгийг орлуулан олон янзаар дасгал хийгээд үзээрэй.

얼마예요?
Хэд вэ?

1개에 1,500원이에요.
1 ширхэг нь 1,500 вон юм.

Тоо ширхэг

개	ширхэг	병	шил
장	хуудас	권	ном, олон хуудастай зүйл
대	тоног төхөөрөмж	잔	аяга
벌	хувцас	켤레	хос гутал, оймс
마리	амьтан	송이	баглаа

무엇을 찾으세요?
Танд юу хэрэгтэй вэ?

셔츠를 보려고요.
Цамц үздэг юмуу.

Дэлгүүрийн бараа

셔츠 цамц	티셔츠 подволк
바지 өмд	청바지 жинс
원피스 палаж	치마 юбка
운동화 пүүз	구두 гутал
가방 цүнх	모자 малгай

❶ –(으)려고 하다 -х гэж байна

Үйл үгэн дээр залгагдан ямар нэгэн үйлдлийн санааг илэрхийлэх юмуу удахгүй хийх гэж байгаа үйл хөдлөлийг илэрхийлсэн нөхцөл. Мөн –(으)려고요 гэсэн хэлбэрээр хэрэглэгддэг.

받침 ○	–으려고 하다	먹으려고 하다, 읽으려고 하다, 앉으려고 하다
받침 ×, ㄹ 받침	–려고 하다	가려고 하다, 만나려고 하다, 자려고 하다 살려고 하다, 울려고 하다

지금 밥을 먹으려고 해요/먹으려고요. Одоо хоол идэх гэж байна.

다음 달에 몽골에 가려고 해요/가려고요. Дараа сард Монгол явах гэж байна.

❷ –아/어 보다 -ж/ч үзэх

Үйл үгэн дээр залгагдаж ямар нэгэн үйлдлийг хийх гэж оролдож үзэх юмуу туршиж үзсэнээ илэрхийлдэг үг хэллэг.

ㅏ, ㅗ	–아 보다	가다 + 아 보다 앉다 + 아 보다	가 보다 앉아 보다
ㅏ, ㅗ 이외	–어 보다	먹다 + 어 보다 배우다 + 어 보다	먹어 보다 배워 보다
–하다	–해 보다	일하다 운동하다	일해 보다 운동해 보다

강원도에 가 봤어요? Канвонду руу явж үзсэн үү?

매운 음식 많이 먹어 봤어요? Халуун ногоотой хоол идэж үзсэн үү?

❸ 도 ч бас

Нэр үгэн дээр залгагдах ба нэгэнт байгаа зүйл дээр өөр зүйлийг нэмэх буюу хамруулсаныг илэрхийлж байгаа нөхцөл.

저도 같이 가요. Би ч бас явна.

동생도 자요. Дүү ч бас унтаж байна.

❹ 에 нь

Өмнөх үгийн нэгж хэмжүүр болохыг илэрхийлэх нөхцөл.

사과 한 개에 이천원이에요. Алим нэг ширхэг нь хоёр мянган вон.

콜라 한 병에 삼천원이에요. Кола нэг шил нь гурван мянган вон.

❺ 와/과, 하고 ба, бөгөөд, болон

와/과 нь урд болон хойд нэр үгийг зэрэгцүүлэн холбох нөхцөл. 받침 байвал 과, 받침 байхгүй бол 와 залгагдана. 하고 нь 와/과-тай адилхан утгатай ба ярианы хэллэгэнд ихэвчлэн хэрэглэгдэнэ.

받침 ○	과	과일과, 신문과, 학생과, 선생님과
받침 ✕	와	우유와, 주스와, 포도와, 바나나와

콜라하고 사이다 주세요. Кола болон спрайт өгөөч.

신문하고 잡지 주세요. Сонин ба сэтгүүл өгөөч.

● 와/과, 하고 -тай⁴ хамт

Ямар нэгэн үйлдлийг хамт хийж байгааг илэрхийлнэ. Ард нь 같이/함께 (хамт/цуг) үгийг ашиглан бас хэрэглэгдэдэг.

어머니와/하고 (함께) 쇼핑해요. Ээжтэй хамт дэлгүүр хэснэ.

친구들과/하고 (함께) 여행을 가요. Найзуудтайгаа хамт аялалаар явна.

❻ –(으)세요 -аарай⁴

Үйл үгэн дээр залгагдан хүндэтгэн тайлбарлах, хүсэх, санал тавих үед мөн хүндэтгэлтэйгээр тушаах үед хэрэглэгдэнэ.

받침 ○	–으세요	앉다 + 으세요 읽다 + 으세요	앉으세요 읽으세요
받침 ✕, ㄹ 받침 (ㄹ 탈락)	–세요	가다 + 세요 오다 + 세요	가세요 오세요
		만들다 + 세요 살다 + 세요	만드세요 사세요

여기에 앉으세요. Энд суугаарай.   이쪽으로 오세요. Ийшээ ирээрэй.

1 Дараах харилцан яриаг сонсоод барааны үнийг бичнэ үү.

🎧 07-4

(1)

_____

(2)

_____

(3)

_____

2 Харилцан яриаг сонсоод үйлчлүүлэгчийн авах гэж байгаа бүтээгдэхүүнийг сонгоно уу.

🎧 07-5

①   ②   ③

(1) _____ (2) _____ (3) _____

1 Жишээтэй адилаар өгүүлбэрийг гүйцээж бичнэ үү.

> **Жишээ**
>
> 영어 수업을 <u>들으세요</u>. (듣다)

(1) 여기에 _____. (앉다)

(2) 이쪽으로 _____. (오다)

(3) 아빠는 신문을 _____. (읽다)

(4) 할아버지는 방에서 _____. (쉬다)

(5) 선생님은 지금 _____. (식사하다)

2 Жишээтэй адилаар өгөгдсөн үгийг тохирох нөхцөлөөр холбож өгүүлбэр болгож бичнэ үү.

> **Жишээ**
>
> <u>이 책을 읽어 보세요</u>. (이 책, 읽다)

(1) 따라 읽다 _____

(2) 이 옷, 입다 _____

(3) 커피, 마시다 _____

(4) 제 요리, 먹다 _____

(5) 영어, 배우다 _____

✱ **Дараахыг уншаад асуултанд хариулаарай.**

물건을 팔아요!

저는 몽골 대학생이에요.
이번 달 20일에 몽골에 돌아가요.
그래서 제 물건을 팔려고 해요.

책상	**책**	**컴퓨터, 노트북**
이 책상을 지난달에 백화점에서 샀어요. 거의 사용을 안 해서 아주 좋아요.	우리 집에 책이 많이 있어요. 한 권에 사천원, 세 권에 만원이에요.	17인치 노트북이 있어요. 노트북이 최신형이어서 아주 가벼워요. 컴퓨터도 있어요. 노트북하고 같이 백만원을 주고 샀어요.
♡ │ 50,000원 거래하기	♡ │ 4,000원 거래하기	♡ │ 500,000원 거래하기

전화 주세요! 핸드폰: 010-1234-5678

---

(1) **Дээрх эхийн зорилгыг сонгоно уу.**

　① 물건을 판다.　　　② 물건을 받는다.　　　③ 물건을 산다.

(2) **Дээрх агуулгатай адил хариултыг сонгоно уу.**

　① 책 3권에 9,000원이다.
　② 책상은 깨끗하지 않다.
　③ 이메일로 연락을 원한다.
　④ 학생은 노트북과 컴퓨터를 백만원을 주고 샀다.

✱ 연음 법칙 (2)

Энэ удаад давхар гийгүүлэгчийн ард эгшиг орох тохиолдолыг авч үзэцгээе. Давхар дэвсгэр үсгийн ард эгшиг ирвэл зүүн талд байгаа эхний гийгүүлэгч нь тэр хэвээрээ үлдээд, баруун талд байгаа сүүлийн гийгүүлэгч нь ㅇ байгаа үе рүү шилжин дуудагдана.

읽어요 [일거요]

닭이 [달기]	젊음 [절믐]
읊어 [을퍼]	핥아 [할타]
삶이 [살미]	앉아 [안자]
맑아요 [말가요]	밝아요 [발가요]

ㅅ-ээр төгссөн давхар гийгүүлэгчийн хувьд, ㅅ нь чанга авиагаар дуудагдана.

넋이 [넉시→넉씨]	몫이 [목시→목씨]
값을 [갑슬→갑쓸]	없어 [업서→업써]

ㅎ-ээр төгссөн хос гийгүүлэгчийн тохиолдолд, ㅎ нь гээгдэнэ.

닳아 [달아→다라]	싫어 [실어→시러]
끓어 [끌어→끄너]	옳아 [올아→오라]
많아 [만아→마나]	않아 [안아→아나]

Солонгосчуудын дэлгүүр орох соёл

Солонгос нь дэлхий даяар загварлаг бөгөөд боломжийн үнэтэй хувцас бараа бүтээгдэхүүн үйлдвэрлэдэг гэдгээрээ алдартай. Тийм учраас Солонгос улсыг зорьдог зочдын ихэнх нь Солонгосын бараа бүтээгдэхүүнийг худалдан авахаар ирдэг.

Мөн Солонгост худалдааны гудамж байдгаараа алдартай. Энэхүү худалдааны гудамжууд нь хувцас, гоёл чимэглэл, гутал гээд худалдаачид нэг дор цугларсан байдаг бөгөөд сэтгэлд таарсан зүйлээ хямд үнээр худалдан авах боломжтой. Солонгост Мёндун(명동), Тундэмүн(동대문), Хундэ(홍대), Итэвон(이태원), Намдэмүн (남대문) гэх мэт алдартай худалдааны гудамж байдаг. Энэхүү худалдааны гудамж нь Солонгосын залуус хүүхдүүдээс гадна гадаад иргэд маш их үйлчлүүлдэг. Түүнээс гадна энэхүү худалдааны гудамжаар алхахдаа амттай бэлэн хоолноос худалдан авч идэнгээ олон зүйлийг үзэж сонирхох боломжтой. Энэхүү худалдааны гудамжууд нь Солонгосын худалдааны соёл, загварын урлагтай бүрэн танилцах боломжтой газар юм.

Орчин үед онлайн худалдаа хийх нь түгээмэл болсон. Coupang, G-market, TMON гэх сайтуудад өөрийн хүссэн бараагаа захиалга хийгээд гэрлүүгээ шууд хүргүүлэн авах боломжтой. Энэхүү интернет дэлгүүрүүд нь бэлэн бараа бүтээгдэхүүнээс гадна шинэхэн гарсан ногоо, мах гээд шууд идэж хэрэглэх боломжтой бараа бүтээгдэхүүнийг хурдан шуурхай хүргэх үйлчилгээг үзүүлдэг.

| Мёндун

Амралтын өдөр, чөлөөт цаг, хобби
주말, 여가, 취미

Хичээлийн зорилго
- -
- Амралтын өдөр хобби чөлөөт цагаа хэрхэн өнгөрүүлдэг талаар хэлж сурна.

Гол дүрэм
- -
- –(으)ㄹ까요? уу²/юу²? • –(으)ㄹ 수 있다/없다 -ж/ч чадна/чадахгүй
- –겠– -х байх, -х нь ээ • 못 чадахгүй • –지만 боловч
- – үсэг гээгдэх дүрэм

Соёлын хичээл
- -
- Солонгосчуудын чөлөөт цаг

Шинэ үгээ урьдчилж харцгаая | 단어 미리보기

⑦ Бичлэгийг сонсоод чанга дуугаар дагаж уншаад бичих дасгал хийгээд үзээрэй.

🎧 08-1

주말 амралтын өдөр	일하다 ажиллах	재미있다 сонирхолтой

취미 сонирхол	등산하다 ууланд авирах	낚시 загас барих

바쁘다 завгүй	지난 өнгөрсөн	못하다 чадахгүй

좋아하다 дурлах	자전거 타다 дугуй унах	받다 авах

다치다 бэртэх	앉다 суух	기다리다 хүлээх

🌳 Доорх зурагт таарсан үгийг хүснэгтнээс сонгон бичээрэй.

앉다	다치다	낚시
등산하다	자전거 타다	주말

①

_____

②

_____

③

_____

④

_____

⑤

_____

⑥

_____

정답 --- ① 다치다　② 낚시　③ 주말　④ 자전거 타다　⑤ 등산하다　⑥ 앉다

🎧 08-2

수지   빌궁 씨, 이번 주말에 뭐 해요?

빌궁   일해요. 수지 씨는 뭐 해요?

수지   한강에서 자전거를 탈 거예요. 빌궁 씨 자전거 탈 수 있어요? 같이 갈까요?

빌궁   자전거 탈 수 있지만, 바빠서 못 가요.

수지   그럼, 다음에 같이 가요.

빌궁   좋아요. 재미있겠어요.

Орчуулга	
Сүжи	Билгүүн та энэ амралтаараа юу хийх вэ?
Билгүүн	Ажил хийнэ. Сүжи та юу хийх вэ?
Сүжи	Хан мөрөн дээр дугуй унана. Билгүүн та дугуй унаж чадах уу? Хамт явах уу?
Билгүүн	Дугуй унаж чадах боловч, завгүй учраас явж чадахгүй.
Сүжи	Тэгвэл дараа хамт явъя.
Билгүүн	Тэгье. Сонирхолтой байх нь ээ.

08-3

마이클	사라 씨, 취미가 뭐예요?
사라	등산이에요. 지난 주말에도 친구들하고 북한산에 갔어요.
마이클	좋았겠어요.
사라	네 좋았어요. 마이클 씨는 취미가 뭐예요?
마이클	제 취미는 낚시예요. 잘 못하지만 좋아해요.
사라	저도 낚시 좋아해요. 다음에 같이 가요.
마이클	그래요.

Орчуулга

Майкл	Сараа таны хобби юу вэ?
Сараа	Ууланд гарах. Өнгөрсөн 7 хоногт ч гэсэн найзуудтайгаа хамт Бугхан уул руу гарсан.
Майкл	Гоё байсан байх даа.
Сараа	Тиймээ гоё байсан. Майкл таны хобби юу вэ?
Майкл	Миний хобби загас барих. Сайн чаддаггүй болов ч дуртай.
Сараа	Би ч бас загас барих дуртай. Дараа хамт явъя.
Майкл	Тэгье.

Харилцан ярианы дасгал | 회화 연습

✱ Гол үг хэллэгийг тогтоогоод үгийг орлуулан олон янзаар дасгал хийгээд үзээрэй.

> 주말에 뭐 해요?
> Амралтын өдрөөрөө юу хийдэг вэ?

> 자전거 타요.
> Дугуй унадаг.

Чөлөөт цагаар хийдэг зүйлс

자전거 타다 дугуй унах	피아노 배우다 төгөлдөр хуур сурах
외국어 배우다 гадаад хэл сурах	산책하다 салхилах
등산하다 ууланд гарах	여행하다 аялах
운동하다 спортоор хичээллэх	영화를 보다 кино үзэх
친구를 만나다 найзтайгаа уулзах	쇼핑하다 дэлгүүр хэсэх

취미가 뭐예요?
Хобби чинь юу вэ?

등산이에요.
Ууланд авирах.

Хобби

등산 ууланд авирах	음악 감상 хөгжим сонсох
낚시 загасчлах	독서 ном унших
요리하기 хоол хийх	여행 аялал
텔레비전 시청 телевиз үзэх	사진 찍기 зураг дарах
영화 감상 кино үзэх	비디오 게임하기 видео тоглоомоор тоглох

❶ –(으)ㄹ까요? уу²/юу²?

Үйл үгэн дээр залган эсрэг хүнийхээ саналыг асуух юмуу аливаа зүйлийг санал болгоход хэрэглэгддэг илэрхийлэл. Үйл үгийн үндсийн төгсгөлд 받침 байвал –을까요, байхгүй бол –ㄹ까요 залгагдана.

받침 ○	–을까요	먹다 + 을까요 읽다 + 을까요 앉다 + 을까요	먹을까요? 읽을까요? 앉을까요?
받침 ✕, ㄹ 받침 (ㄹ 탈락)	–ㄹ까요	가다 + ㄹ까요 사다 + ㄹ까요 만들다 + ㄹ까요	갈까요? 살까요? 만들까요?

여기 앉을까요? Энд суух уу?

한강공원에 갈까요? Хан мөрөн рүү явах уу?

❷ –(으)ㄹ 수 있다/없다 -ж/ч чадна/чадахгүй

Үйл үгэн дээр залгагдаж ямар нэгэн зүйлийг хийж чадах чадахгүйг илэрхийлэх үг хэллэг. Үгийн үндсийн сүүлийн үсэг 받침-аар төгсвөл –을 수 있다/없다, 받침 байхгүй бол – ㄹ 수 있다/없다 залгагдана.

받침 ○	–을 수 있다/없다	먹다 + 을 수 있다/없다 읽다 + 을 수 있다/없다 받다 + 을 수 있다/없다	먹을 수 있다/없다 읽을 수 있다/없다 받을 수 있다/없다
받침 ✕, ㄹ 받침 (ㄹ 탈락)	–ㄹ 수 있다/없다	가다 + ㄹ 수 있다/없다 오다 + ㄹ 수 있다/없다 만들다 + ㄹ 수 있다/없다	갈 수 있다/없다 올 수 있다/없다 만들 수 있다/없다

한국어를 읽을 수 있어요. Солонгосоор уншиж чадна.

내일 우리 집으로 올 수 있어요? Маргааш манай гэр лүү ирж чадах уу?

❸ –겠– -х байх, -х нь ээ

Үйл үг болон тэмдэг нэрэн дээр залгагдах ба ирээдүй цаг дээр таамагласан хэлбэрээр хэрэглэгддэг нөхцөл. Мөн ард нь төгсгөх нөхцөл болох –어요, –네요, –습니다 залгагдана.

친구가 와서 좋겠어요. Найз ирээд гоё байх даа.

잘 먹겠습니다. Хоолоо сайн иднэ ээ.

❹ 못 чадахгүй

Үйл үгийн өмнө залгагдах ба ямар нэгэн зүйлийг хийж чадахгүй болсон үед тэр зүйлийг хийж чадахгүйг илэрхийлнэ. '(Нэр үг)-하다' хэлбэрийн үйл үгнүүд нь 하다-гийн урд 못 ирнэ. Үгүйсгэх буюу эсэргүүцэх утгыг илэрхийлдэг 안 нөхцөлөөс өөр учир болгоомжилцгооё.

가다 → 못 가다	먹다 → 못 먹다
일하다 → 일 못 하다	운동하다 → 운동 못 하다

저는 오늘 회사에 못 가요. Би өнөөдөр ажилдаа явж чадахгүй.

저는 오늘 회사에 안 가요. Би өнөөдөр ажилдаа явахгүй.

저는 김치를 못 먹어요. Би Кимчи идэж чадахгүй.

저는 김치를 안 먹어요. Би Кимчи идэхгүй.

❺ -지만 боловч

Үйл үг, тэмдэг нэр, 이다/아니다 дээр залгагдан ямар нэг агуулгыг хүлээн зөвшөөрч байгаа боловч үүнээс эсрэг утгатай агуулгыг давхар хэлэхдээ хэрэглэдэг холбоос нөхцөл.

좋다 → 좋지만	읽다 → 읽지만
기다리다 → 기다리지만	예쁘다 → 예쁘지만

이 핸드폰은 좋지만 너무 비싸요. Энэ гар утас гоё боловч их үнэтэй.

그녀는 예쁘지만 성격이 안 좋아요. Тэр эмэгтэй хөөрхөн боловч ааш муутай.

❻ ― үсэг гээгдэх дүрэм

Тэмдэг нэр, үйл үгийн үндсийн төгсгөлд орсон ― нь эгшигтэй уулзвал гээгдэнэ.

	-아요/어요	-았/었어요	-아/어서
예쁘다	예뻐요	예뻤어요	예뻐서
바쁘다	바빠요	바빴어요	바빠서
크다	커요	컸어요	커서
쓰다	써요	썼어요	써서
슬프다	슬퍼요	슬펐어요	슬퍼서
배고프다	배고파요	배고팠어요	배고파서
나쁘다	나빠요	나빴어요	나빠서

1 Харилцан яриаг сонсоод агуулгатай адилхан зургийг сонгоно уу.

🎧 08-4

① ② ③ ④

(1) _____ (2) _____

(3) _____ (4) _____

2 Харилцан яриаг сонсоод цээж бичиг хийцгээе.

🎧 08-5

사라 바트 씨, 주말에 뭐 _____?

바트 친구들과 함께 영화를 보고 고기도 _____.

사라 좋았겠어요. 저는 주말에 아르바이트를 했어요.

바트 무슨 아르바이트를 했어요?

사라 주방 도우미를 했어요.

바트 사라 씨는 한국 음식을 _____?

사라 아니요, 저는 한국 음식을 _____ 요리는 _____.

바트 그럼 한번 _____.

Бичих дасгал | 쓰기 연습

1 Жишээтэй адилаар өгүүлбэрийг гүйцээж бичнэ үү.

Жишээ

제 친구는 정말 <u>예뻐요</u>. (예쁘다)

(1) 아침을 안 먹어서 배가 _____. (고프다)

(2) 친구에게 편지를 _____. (쓰다)

(3) 먼지가 들어가서 눈이 _____. (아프다)

(4) 우리 동생은 키가 _____. (크다)

(5) 요즘 많이 _____. (바쁘다)

2 Дараах хүснэгтийг нөхөж бичнэ үү.

	–겠어요	–지만	–(으)ㄹ까요?
있다	있겠어요	있지만	있을까요?
없다			
하다			
좋다			
먹다			
입다			
신다			
쉬다			
싸다			
비싸다			

❋ Дараахыг уншаад агуулгатай адил бол ○, адилхан биш байвал ✕ гэж тэмдэглэнэ үү.

나의 취미

저는 초등학교 5학년 학생입니다.
제 취미는 축구입니다.
저는 주말에 친구들과 같이 운동장에서 축구를 합니다.
제 친한 친구 민호는 농구를 더 좋아합니다.
그래서 저는 가끔 민호와 농구도 합니다.
운동이 끝나고 저는 친구들과 다 같이 피자를
먹습니다. 저는 운동이 좋지만 친구들과 피자를
먹는 것도 좋습니다.

(1) 글쓴이의 취미는 축구이다. (   )

(2) 글쓴이는 평일에 친구들과 운동장에서 축구를 한다. (   )

(3) 민호는 농구보다 축구를 더 좋아한다. (   )

(4) 글쓴이는 운동이 끝나고 햄버거를 먹는다. (   )

* 된소리되기

🎧 08-6

Дэвсгэр үсэг [ㄱ], [ㄷ], [ㅂ] нь ㄱ, ㄷ, ㅂ, ㅅ, ㅈ-тэй уулзах үед, дэвсгэр үсгийн дуудлага [ㄱ], [ㄷ], [ㅂ] нь тэр хэвээрээ дуудагдах ба, ард талын гийгүүлэгч ㄱ, ㄷ, ㅂ, ㅅ, ㅈ нь [ㄲ, ㄸ, ㅃ, ㅆ, ㅉ] болох чанга авиагаар дуудагдана.

학교 [학꾜]
받침소리 [ㄱ]

책방 [책빵]
받침소리 [ㄱ]

옆집 [엽찝]
받침소리 [ㅂ]

잡지 [잡찌]
받침소리 [ㅂ]

독서 [독써]
받침소리 [ㄱ]

깎다 [깍따]
받침소리 [ㄱ]

읽다 [익따]
받침소리 [ㄱ]

밟다 [밥따]
받침소리 [ㅂ]

낯설다 [낟썰다]
받침소리 [ㄷ]

목소리 [목쏘리]
받침소리 [ㄱ]

Үгийн үндсийн дэвсгэр үсэг ㄴ, ㅁ-н араас ирэх ㄱ, ㄷ, ㅂ, ㅈ нь [ㄲ, ㄸ, ㅃ, ㅉ]-ээр дуудагдана.

신다 [신따]

담다 [담따]

감다 [감따]

닮다 [담따]

앉고 [안꼬]

젊고 [점꼬]

손가락 [손까락]

손바닥 [손빠닥]

논두렁 [논뚜렁]

Солонгосчуудын чөлөөт цаг

Солонгосчууд амралтын өдрөө төрөл бүрийн зүйл хийж хөгжилтэй өнгөрүүлдэг. Ялангуяа Солонгост уул их тул ууланд авирдаг хүмүүс их байдаг. Ууланд гарахдаа найз нөхөд, гэр бүлээрээ хамт гарах юмуу, ууланд авирах дуртай хүмүүс нөхөрлөл үүсгэн баг хамт олноороо гардаг. Ууланд гарах дуртай хүмүүсийн уулзалтыг 산악회 гэж нэрлэдэг бөгөөд найз нөхдөөрөө үүсгэх юмуу онлайн кафе дээрээс бие биенээ мэдэхгүй хүмүүс танилцан дугуйлан үүсгэдэг.

Мөн аялалаар явах юмуу төрөл бүрийн спортоор хичээллэдэг. Солонгост иргэдийнхээ эрүүл мэнд, чөлөөт цагийг зөв зохистой өнгөрүүлэхийг дэмжин бүх дүүрэгт дугуй унах зориулалтын замыг гаргасан байдаг. 뚝섬유원지, 여의도, 잠실, 이촌, 한강공원 гэх мэт Сөүл Хан мөрнийг дагаад маш олон дугуй түрээслэх газруудбайдаг. Дугуй түрээсийн газраас нэг хүний дугуй болон хоёр хүний суудалтай дугуйг түрээсэлж авах боломжтой бөгөөд цагаар нь түрээсэлж болдог. Энэ үед өөрийн биеийн байцаалт болох үнэмлэхээ барьцаанд үлдээх ёстой байдаг бөгөөд дугуй түрээслэх бол биеийн байцаалтаа заавал авч яваарай. Түүнээс гадна иог, пилатес, фитнесс клуб гэх мэтээр биеэ чийрэгжүүлдэг буюу хөл бөмбөг, бэйсбол, гольф гэх мэтийн спортоор хичээллэдэг хүн ч бас их байдаг.

| иог | пилатес

| Хан мөрний дугуйн зам

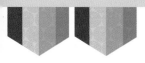

Аялал

여행

Хичээлийн зорилго

- Амралтын газар захиалга хийж аялалын талаар ярьж сурна.

Гол дүрэм

- −(으)시− хүндэтгэлийн хэлбэр   • −고 싶다 -маар⁴ байна, -хыг² хүсч байна
- −(으)ㄹ래요 -ье/ъя/ъё, -лаа⁴, уу²/юу²?   • 같이/처럼 шиг/шигээ

Соёлын хичээл

- Солонгост аялах газар

Шинэ үгээ урьдчилж харцгаая | 단어 미리보기

⑨ Бичлэгийг сонсоод чанга дуугаар дагаж уншаад бичих дасгал
хийгээд үзээрэй.

🎧 09-1

호텔 буудал	예약하다 захиалах	인원 хүний тоо
어떤 ямар	방 өрөө	체크인 орох
이번 энэ удаа	제일 хамгийн	마음에 들다 таалагдах
건물 барилга	사진 찍다 зураг дарах	그림 зураг
살다 амьдрах	전하다 дамжуулах	아프다 өвдөх

[♪] Доорх зурагт таарсан үгийг хүснэгтнээс сонгон бичээрэй.

방	아프다	호텔
그림	사진 찍다	건물

①

_____

②

_____

③

_____

④

_____

⑤

_____

⑥

_____

정답 --- ① 건물 ② 사진 찍다 ③ 아프다 ④ 그림 ⑤ 방 ⑥ 호텔

직원	네, 가평 호텔입니다.
사라	이번 주 금요일부터 일요일까지 예약하려고 합니다.
직원	인원이 몇 명이십니까?
사라	2명입니다.
직원	어떤 방으로 해 드릴까요? *10-р хичээлийн дүрэм '－아/어 주다' харах
사라	더블룸으로 해 주세요.
직원	네, 예약되었습니다.
사라	체크인은 몇 시입니까?
직원	오후 3시입니다.
사라	네, 알겠습니다. 감사합니다.

Орчуулга

Ажилтан	Капён буудал байна.
Сараа	Энэ долоо хоногийн 5 дахаас бүтэн сайн өдөр хүртэл захиалга хийх гэсэн юм.
Ажилтан	Хэдүүлээ вэ?
Сараа	2 хүн.
Ажилтан	Ямар өрөө захиалах уу?
Сараа	Том ортой өрөөгөөр захиалья.
Ажилтан	За, захиалга хийгдлээ.
Сараа	Хэдэн цагт орох вэ?
Ажилтан	Үдээс хойш 3 цагт.
Сараа	За, ойлголоо. Баярлалаа.

빌궁 　수지 씨 이번 유럽 여행이 어땠어요?

수지 　정말 재미있고 좋았어요.

　　　또 가고 싶어요.

빌궁 　유럽의 뭐가 제일 마음에 들었어요?

수지 　건물들이 너무 예뻤어요. 그래서 사진도 많이

　　　찍었어요. 한번 보실래요?

빌궁 　네 좋아요.

(사진을 보면서)

빌궁 　이 건물은 정말 그림처럼 아름답네요.

* 11-р хичээлийн дүрэм
'– 네요' харах

Орчуулга	
Билгүүн	Сүжи таны энэ удаагийн Европ аялал ямар байсан бэ?
Сүжи	Үнэхээр сонирхолтой гоё байсан. Дахиад явмаар байна.
Билгүүн	Европын юу нь хамгийн их таалагдсан бэ?
Сүжи	Барилгууд нь үнэхээр гоё байсан. Тэгээд зураг ч бас их дарсан. Зураг үзэх үү?
Билгүүн	За тэгье.

(зураг үзэнгээ)

Билгүүн	Энэ барилга үнэхээр уран зураг шиг үзэсгэлэнтэй юмаа.

Харилцан ярианы дасгал | 회화 연습

＊ Гол үг хэллэгийг тогтоогоод үгийг орлуулан олон янзаар дасгал хийгээд үзээрэй.

어떤 방으로 드릴까요?
Ямар өрөө захиалах вэ?

더블 룸으로 주세요.
Том ортой өрөө захиалъя.

Өрөө хөлслөх болон ашиглах

더블 룸(더블베드룸) том ортой өрөө	싱글 룸(싱글베드룸) 1 ортой өрөө
트윈 룸(트윈베드룸) 2 ортой өрөө	패밀리 룸 гэр бүлийн өрөө
산 전망 уул харагдсан	바다 전망 далай харагдсан
입실(체크인) өрөөндөө орох	퇴실(체크아웃) өрөөнөөсөө гарах
조식 өглөөний хоол	룸서비스 өрөөний үйлчилгээ
무료 와이파이 үнэгүй интернэт	미니바 мини баар

여행/숙소/음식이 어땠어요?
Аялал/байр/хоол нь ямар байсан бэ?

너무 좋았어요.
Маш гоё байсан.

Сэтгэгдэл

좋다 гоё, сайхан	즐겁다 хөгжилтэй
재미있다 сонирхолтой	설레다 догдлох
지루하다 залхуутай	힘들다 хэцүү
재미없다 сонирхолгүй	아쉽다 харамсалтай
신기하다 гайхалтай	깨끗하다 цэвэрхэн
깔끔하다 цэмцгэр	맛있다 амтлаг
맛없다 амт муутай	맵다 халуун ногоотой

❶ -(으)시- хүндэтгэлийн хэлбэр

Үйл үг, тэмдэг нэр, 이다, 아니다 дээр залгагдан эзэн биеийг хүндэтгэх утгыг илэрхийлсэн нөхцөл. Үгийн үндэс 받침-аар төгсвөл -으시-, 받침 байхгүй юмуу ㄹ дэвсгэр үсгээр төгсвөл -시- залгагдана.

받침 ○	-으시-	읽다 + 으시다 앉다 + 으시다	읽으시다 앉으시다
받침 ×, ㄹ 받침 (ㄹ 탈락)	-시-	가다 + 시다 오다 + 시다 살다 + 시다	가시다 오시다 사시다

	-(으)시다	-(으)세요	-(으)셨어요	-(으)실 거예요
앉다	앉으시다	앉으세요	앉으셨어요	앉으실 거예요
읽다	읽으시다	읽으세요	읽으셨어요	읽으실 거예요
입다	입으시다	입으세요	입으셨어요	입으실 거예요
괜찮다	괜찮으시다	괜찮으세요	괜찮으셨어요	괜찮으실 거예요
쓰다	쓰시다	쓰세요	쓰셨어요	쓰실 거예요
아프다	아프시다	아프세요	아프셨어요	아프실 거예요
보다	보시다	보세요	보셨어요	보실 거예요
가다	가시다	가세요	가셨어요	가실 거예요
만들다	만드시다	만드세요	만드셨어요	만드실 거예요
놀다	노시다	노세요	노셨어요	노실 거예요

● 존대형 격조사 Хүндэтгэлийн хэлбэр

Энгийн хэлбэр	Хүндэтгэлийн хэлбэр
이/가 нь, бол	께서
은/는 тодотгох 'нь' нөхцөл	께서는
에게/한테 д, т(төлөөний үгэн дээр)	께

어머니가 아파요.

→ 어머니께서 아프세요. Ээж өвдөж байна.

선생님한테 전해 줘요.

→ 선생님께 전해 주세요. Багшид дамжуулаад өгөөрэй.

아버지는 책을 읽어요.

→ 아버지께서는 책을 읽으십니다. Аав ном уншиж байна.

❷ –고 싶다   -маар⁴ байна, -хыг² хүсч байна

Үйл үгэн дээр залган өмнөх үгийн илэрхийлж буй үйлдлийг хийхийг хүсч байгааг илэрхийлэх нөхцөл.

가다 → 가고 싶다   보다 → 보고 싶다

먹다 → 먹고 싶다   받다 → 받고 싶다

A: 뭐 먹고 싶어요? Юу идмээр байна?

B: 김치찌개를 먹고 싶어요. Кимчижигэ идмээр байна.

❸ –(으)ㄹ래요   -ье/ъя/ъё, -лаа⁴, уу²/юу²?

Үйл үгэн дээр залган цаашид хийх гэж байгаа зүйлийнхээ санаа бодлоо илэрхийлэх юмуу сонсож байгаа хүний санааг асуухад хэрэглэгдэх холбох нөхцөл. Үгийн үндсийн сүүлийн үсэг ㄹ-ээс гадна дэвсгэр үсгээр төгсвөл –을래요, дэвсгэр үсэг байхгүй юмуу ㄹ-ээр төгсвөл – ㄹ래요 залгагдана.

받침 ○	-을래요	먹다 + 을래요 읽다 + 을래요	먹을래요 읽을래요
받침 ×, ㄹ 받침 (ㄹ 탈락)	–ㄹ래요	하다 + ㄹ래요 오다 + ㄹ래요 살다 + ㄹ래요 만들다 + ㄹ래요	할래요 올래요 살래요 만들래요

A: 저랑 같이 커피숍에 갈래요? Надтай хамт кофешоп руу явах уу?

B: 아니요, 약속이 있어서 먼저 갈래요. Үгүй, болзоотой болохоор түрүүлээд явлаа.

A: 내일 하루는 쉴래요? Маргааш нэг өдөр амрах уу?

B: 아니요, 저는 일 할래요. Үгүй, би ажил хийнэ.

❹ 같이/처럼 шиг/шигээ

Нэр үгэн дээр залгагдан тэр нэр үгийн хэлбэр болон онцлог шинж нь хоорондоо төстэй гэсэн утгыг илэрхийлэх нөхцөл.

제 친구는 인형처럼/같이 예뻐요. Манай найз хүүхэлдэй шиг хөөрхөн.

저는 형처럼/같이 공부를 잘해요. Би ах шигээ хичээлээ сайн хийдэг.

Сонсох дасгал | 듣기 연습

1 Харилцан яриаг сонсоод агуулгатай адилхан бол ○, адилхан биш байвал × гэж тэмдэглэнэ үү.

 09-4

(1) Жэжү аралд Сораг уул байдаг. (　　)

(2) 2 хүн нь далай явах төлөвтэй байна. (　　)

(3) 2 хүн аялалын төлөвлөгөө гаргаж байна. (　　)

2 Харилцан яриаг сонсоод дараах 2 хүний уух зүйлийг сонгоно уу.

09-5

①

②

③

④

152   The 바른 한국어 첫걸음

Бичих дасгал | 쓰기 연습

1 Жишээтэй адилаар өгүүлбэрийг хувиргаж бичээрэй.

Жишээ

여수로 가다 → <u>여수로 갈래요?</u>

(1) 사진을 찍다 _____

(2) 비행기를 타다 _____

(3) 삼겹살을 먹다 _____

(4) 호텔을 예약하다 _____

(5) 바다를 구경하다 _____

2 Дараах хүснэгтийг гүйцээж бичнэ үү.

	–(으)시다	–(으)세요	–(으)셨어요	–(으)실 거예요
오다				
보다				
가다				
사다				
살다				
좋다				
웃다				
읽다				
하다				
예쁘다				

Унших дасгал | 읽기 연습

✳ Дараахыг уншаад агуулгатай адил бол ○, адилхан биш байвал × гэж тэмдэглэнэ үү.

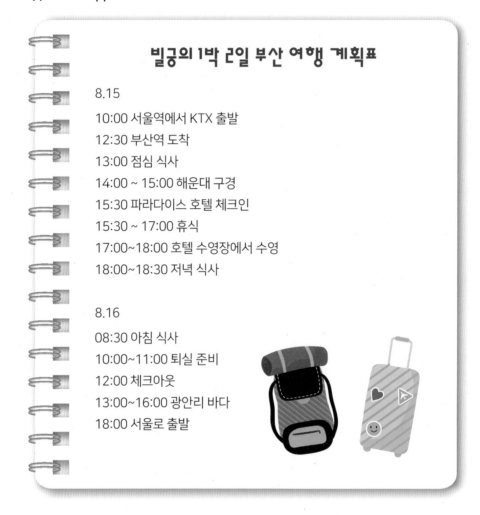

빌궁의 1박 2일 부산 여행 계획표

8.15
10:00 서울역에서 KTX 출발
12:30 부산역 도착
13:00 점심 식사
14:00 ~ 15:00 해운대 구경
15:30 파라다이스 호텔 체크인
15:30 ~ 17:00 휴식
17:00~18:00 호텔 수영장에서 수영
18:00~18:30 저녁 식사

8.16
08:30 아침 식사
10:00~11:00 퇴실 준비
12:00 체크아웃
13:00~16:00 광안리 바다
18:00 서울로 출발

(1) 빌궁은 부산으로 여행을 간다. (　　　)

(2) 빌궁은 부산에 비행기를 타고 간다. (　　　)

(3) 파라다이스 호텔은 수영장이 없다. (　　　)

(4) 빌궁은 광안리에 갈 것이다. (　　　)

(5) 빌궁은 8월 16일에 서울에 온다. (　　　)

* 유음화

🎧 09-6

유음화 гэдэг нь ㄴ үзүүрийн н үсэг нь ㄹ үсгийн урд юмуу хойно ирвэл ㄹ үсгээр дуудагдах үзэгдэлийг хэлнэ.

● ㄹ + ㄴ → ㄹ + ㄹ

설날 [설랄]	칼날 [칼랄]
줄넘기 [줄럼끼]	물놀이 [물로리]
하늘나라 [하늘라라]	

● ㅀ, ㄾ + ㄴ → (받침소리) ㄹ + ㄹ

앓는 [알른]	핥는 [할른]	뚫는 [뚤른]
받침소리 [ㄹ]	받침소리 [ㄹ]	받침소리 [ㄹ]

● ㄴ + ㄹ → ㄹ + ㄹ

난로 [날로]	신라 [실라]
천리 [철리]	난리 [날리]
진로 [질로]	전라도 [절라도]

※ Энэ үед хамаарахгүй

Ханзны үгэнд ㄹ үсгээр эхэлсэн 란, 량, 력, 론, 료, 례 гэх мэт залгагддаг үгнүүд нь юмуу юмуу үзэгдэл үйлчлэхгүй.

생산량 [생산냥]	의견란 [의견난]
결단력 [결딴녁]	공권력 [공꿘녁]
추진력 [추진녁]	상견례 [상견녜]
입원료 [이붠뇨]	이원론 [이원논]

Солонгост аялах газар

Солонгосчууд болон гадаад жуулчдын хамгийн их аялдаг амралт зугаалгын газар бол яах ч аргагүй Жэжү(제주) арал юм. Жэжү арал нь Солонгостоо хамгийн том аралдаа ордог бөгөөд гүн цэнхэр далай өндөр уулс үзэсгэлэнт байгалиараа гайхагддаг.

Мөн Солонгосын хамгийн өндөр уул болох Халла уул(한라산) нь Солонгосын алдартай аялалын маршрутанд ордог. Халла уул нь 4 улирлын өнгө аяс нь өөр өөр байдаг учраас Солонгосчууд болон гадны жуулчдаар дүүрэн байдаг.

Үүнээс гадна Үллинду(울릉도), Тукду(독도), Кожэду(거제도) гэх арлууд байдаг бөгөөд том том хотуудад Пусан Хэвүндэ(부산 해운대), Жонжу Хануг тосгон (전주한옥마을), Ёсу(여수), Тунён(통영), Чүнчон(춘천) гэх хотууд багтдаг. Эдгээр хотууд нь хүмүүсийн хамгийн их аяладаг хотуудад ордог.

Ι Жонжу Хануг тосгон

Ι Ёсу

Ι Жэжү арал

Амралтын газар нь зочид буудал(호텔), мотел(모텔), дэн буудал(여관), цогцолбор (콘도) зэрэг газарт буудаллаж болох ба айлын өрөө түрээсэлж(민박) ч бас болдог. Зочид буудал нь голдуу том том хотуудад байх ба тохь тухтай тоноглол, үйлчилгээгээр хангагдсан байдаг. Мотел нь зочид буудлаас жижиг бөгөөд хямд үнэтэй.

Зам асуух
길 묻기

Хичээлийн зорилго

- Зам асууж хариулж сурна.

Гол дүрэм

- –(으)ㄹ게요 -ье/ъя/ъё, -лаа⁴   • –아/어 주다 -ж/ч өгөх   • –(으)면 -вал⁴
- 좀   • 에게/한테 -д/т

Соёлын хичээл

- Солонгосын зам заагч апликейшн

Бичлэгийг сонсоод чанга дуугаар дагаж уншаад бичих дасгал хийгээд үзээрэй.

🎧 10-1

실례합니다 өршөөгөөрэй	**여쭈다** асуух	**알리다** заах
호선 шугам	**그리고** тэгээд	**갈아타다** дамжин суух
나오다 гарч ирэх	**내리다** буух	**카페** кафе
직진 чигээрээ	**사거리** дөрвөн зам	**횡단보도** явган хүний гарц
건너다 гатлах, зам гарах	**전화하다** утсаар ярих	**교환하다** солих

[🔊] Доорх зурагт таарсан үгийг хүснэгтнээс сонгон бичээрэй.

카페	내리다	건너다
사거리	횡단보도	전화하다

①

_____

②

_____

③

_____

④

_____

⑤

_____

⑥

_____

정답 --- ① 횡단보도 ② 카페 ③ 사거리 ④ 내리다 ⑤ 건너다 ⑥ 전화하다

🎧 10-2

빌궁   실례합니다. 길 좀 여쭤 볼게요.

행인   네 말씀하세요.

빌궁   강남역에 어떻게 가는지 좀 알려
주시겠습니까?

행인   여기서 지하철 5호선을 타세요. 그리고
왕십리역에서 2호선으로 갈아타세요.
30분 정도 가시면 강남역이 나올 거예요.

빌궁   고맙습니다.

Орчуулга

Билгүүн	Өршөөгөөрэй, зам асууя.
Замын хүн	За хэлээрэй.
Билгүүн	Каннам буудал руу хэрхэн явахыг заагаад өгнө үү?
Замын хүн	Эндээс метроны 5-р шугамд суугаарай. Тэгээд Ваншимни буудлаас 2-р шугам руу дамжин суугаарай. 30 минут орчим явбал Каннам буудал гарч ирнэ.
Билгүүн	Баярлалаа.

마이클 수지 씨, 저 버스에서 내렸어요.

수지 그래요? 저 카페에 들어와 있어요. 이 카페로
오세요.

마이클 카페가 어디에 있어요?

수지 버스 정류장에서 왼쪽으로 가면 사거리가
있어요. 사거리에서 횡단보도를 건너 쭉
직진하면 하나은행이 있어요. 하나은행 옆
골목으로 들어오면 카페가 보일 거예요.

마이클 알았어요. 못 찾으면 수지 씨한테
전화할게요.

Орчуулга

Майкл Сүжи би автобусанаас
буулаа.

Сүжи Тиймүү? Би кафед ороод
ирлээ. Энэ кафе руу
ирээрэй.

Майкл Кафе хаана байдаг вэ?

Сүжи Автобусны буудлаас зүүн
тийшээ явбал дөрвөн зам
байгаа.
Дөрвөн замаас гарцаар
гараад чигээрээ явбал
Хана банк байгаа.
Хана банкны хажууд
нарийн гудам руу орвол
кафе харагдана.

Майкл Ойлголоо. Олохгүй бол
Сүжи чам руу залгая.

✳ Гол үг хэллэгийг тогтоогоод үгийг орлуулан олон янзаар дасгал хийгээд үзээрэй.

> 강남역에 어떻게 가요?
> Каннам буудал руу яаж явах вэ?

> 지하철 2호선을 타세요.
> Метроны 2 шугаманд суугаарай.

Зам заах

지하철 ○호선을 타다 метроны ○ шугам руу суух	○번 버스를 타다 ○ дугаарын автобусанд суух
오른쪽으로 가다 баруун зүг рүү явах	왼쪽으로 가다 зүүн зүг рүү явах
우회전하다 баруун тийш эргэх	좌회전하다 зүүн тийш эргэх
직진하다 чигээрээ явах	○번 출구로 나가다 ○ дугаар гарцаар гарах
횡단보도를 건너다 явган хүний гарцаар гарах	지하도를 건너다 тунелээр зам гарах
건너편으로 가다 эсрэг тал руу гарах	길을 건너다 зам гарах
계단을 내려가다 шатаар буух	계단을 올라가다 шатаар өгсөх

카페가 어디에 있어요?
Кафе хаана байдаг вэ?

은행 옆에 있어요.
Банкны хажууд байгаа.

Барилга

학교 сургууль	지하철역 метроны буудал
영화관 кино театр	공원 цэцэрлэгт хүрээлэн
카페 кафе	은행 банк
식당 хоолны газар	편의점 24 цагийн дэлгүүр
병원 эмнэлэг	도서관 номын сан

Дүрэм | 문법

❶ –(으)ㄹ게요 -ье/ъя/ъё, -лаа[4]

Үйл үгэн дээр залгагдан ярьж байгаа хүн ямар нэгэн үйлдэл хийхээ сонсож байгаа хүндээ амлах юмуу мэдэгдэж байгааг илэрхийлэх нөхцөл. 받침 байвал –을게요, байхгүй бол –ㄹ게요 залгагдана.

받침 ○	–을게요	먹다 + 을게요 앉다 + 을게요 읽다 + 을게요	먹을게요 앉을게요 읽을게요
받침 ×, ㄹ 받침 (ㄹ 탈락)	–ㄹ게요	가다 + ㄹ게요 오다 + ㄹ게요 하다 + ㄹ게요 살다 + ㄹ게요	갈게요 올게요 할게요 살게요

여기 앉을게요. Энд суулаа.

제가 읽을게요. Би уншъя.

먼저 갈게요. Түрүүлээд явлаа.

❷ –아/어 주다 -ж/ч өгөх

Үйл үгэн дээр залгагдаж бусдад зориулж өмнөх үгийн илэрхийлж буй үйлдлийг хийхийг илэрхийлсэн нөхцөл. Хүндэтгэлийн хэлбэр нь 주다-гийн оронд 드리다 гэж хэрэглэгдэнэ.

ㅏ, ㅗ	–아 주다	받다 + 아 주다 가다 + 아 주다	받아 주다 가 주다
ㅏ, ㅗ 이외	–어 주다	읽다 + 어 주다 찍다 + 어 주다	읽어 주다 찍어 주다
–하다	–해 주다	교환하다 전화하다	교환해 주다 전화해 주다

동생에게 책을 읽어 준다. Дүүдээ ном уншиж өгч байна.

할머니께 책을 읽어 드린다. Эмээдээ ном уншиж өгч байна.

Ямар нэгэн зүйлийг гуйж байгаа утга агуулгаар –아/어/해 주세요 мөн –아/어/해 주시겠어요/주시겠습니까? гэсэн хэлбэрээр бас хэрэглэгддэг.

교환해 주세요. Солиод өгөөч.

전화해 주시겠어요? Утсаар яриад өгөх үү?

사진 좀 찍어 주시겠습니까? Зураг дараад өгөх үү?

❸ –(으)면 -вал[4]

Үйл үг болон тэмдэг нэрэн дээр залгагдан хойно ирж байгаа агуулгын нөхцөл болзол болохыг илэрхийлэх холбох нөхцөл.

받침 ○	–으면	많다 + 으면 먹다 + 으면 좋다 + 으면	많으면 먹으면 좋으면
받침 ×, ㄹ 받침	–면	가다 + 면 하다 + 면 알다 + 면	가면 하면 알면

밥을 먹으면 졸려요. Хоол идвэл нойр хүрдэг.

여기 앉으면 안 돼요. Энд суувал болохгүй.

피곤하면 쉬세요. Ядарч байвал амраарай.

❹ 좀

Ихэвчлэн гуйлт юмуу зөвшөөрөл хүсэх үед зөөлөн эелдэг мэдрэмж төрүүлэх гэж хэрэглэдэг.

이것 좀 바꿔 주세요. Энийг солиод өгөөч.

길 좀 물어 볼게요. Зам асууя.

전화 좀 하고 올게요. Утсаар яриад ирье.

빨리 좀 가 주세요. Хурдан яваад өгөөрэй.

❺ 에게/한테 -д/т

Хүн болон амьтныг илэрхийлсэн нэр үгэн дээр залгагдаж ямар нэгэн зүйлийн нөлөө авч байгаа объект болохыг илэрхийлсэн нөхцөл. 한테 нь 에게-ээс илүү ярианы хэллэгт хэрэглэгдэнэ.

친구에게/한테 전화했어요. Найз руугаа утсаар ярьсан.

우리에게/한테 기회가 있어요. Бидэнд боломж байгаа.

그들에게/한테 정보를 줬어요. Тэдэнд мэдээлэл өгсөн.

1 Харилцан яриаг сонсоод асуултанд хариулна уу.

🎧 10-4

(1) Эрэгтэй хаашаа явах гэж байгааг бичнэ үү.

_____

(2) Эрэгтэй Гуанхуамүн рүү юунд сууж явах гэж байгааг сонгоно уу.

① [TAXI]　②　③

2 Харилцан яриаг сонсоод агуулгатай адилхан бол ○, адилхан биш байвал × гэж тэмдэглэнэ үү.

🎧 10-5

(1) Эмэгтэй нь эмнэлэг хайж байна. (　　)

(2) Банк дөрвөн замын ойролцоо байгаа. (　　)

(3) Банкны эсрэг талд эмнэлэг байгаа. (　　)

Бичих дасгал | 쓰기 연습

1 Хүснэгтэнд өгөгдсөн дүрмээс тохирох нөхцөлийг залгаж бичнэ үү.

에게	이/가	을/를	에

(1) 누구_____ 말할까요?

(2) 친구_____ 선물을 줘요.

(3) 오늘도 학교_____ 가요.

(4) 제 동생_____ 너무 귀여워요.

(5) 저는 내일 친구와 같이 등산_____ 해요.

2 Дараах хүснэгтийг нөхөж бичнэ үү.

	–(으)ㄹ게요	–아/어 주다	–(으)면
가다	갈게요	가 주다	가면
찾다			
보다			
쉬다			
하다			
웃다			
읽다			
입다			
찍다			
기다리다			

Унших дасгал | 읽기 연습

* Дараахыг уншаад агуулгатай адил бол ○, адилхан биш байвал ✕ гэж тэмдэглэнэ үү.

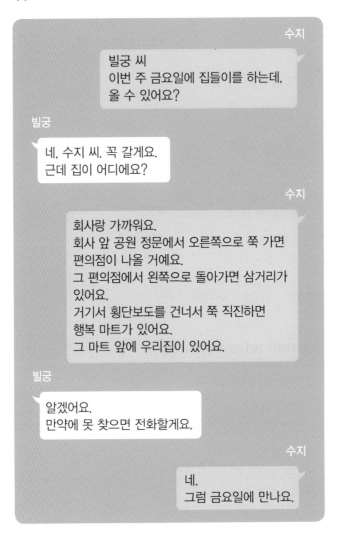

수지

빌궁 씨
이번 주 금요일에 집들이를 하는데,
올 수 있어요?

빌궁

네, 수지 씨. 꼭 갈게요.
근데 집이 어디에요?

수지

회사랑 가까워요.
회사 앞 공원 정문에서 오른쪽으로 쭉 가면
편의점이 나올 거예요.
그 편의점에서 왼쪽으로 돌아가면 삼거리가
있어요.
거기서 횡단보도를 건너서 쭉 직진하면
행복 마트가 있어요.
그 마트 앞에 우리집이 있어요.

빌궁

알겠어요.
만약에 못 찾으면 전화할게요.

수지

네.
그럼 금요일에 만나요.

(1) 수지는 생일 파티를 할 것이다. (　　　)

(2) 빌궁은 수지의 집에 처음 간다. (　　　)

(3) 수지의 집 앞에는 공원이 있다. (　　　)

(4) 수지의 집은 회사 근처에 있다. (　　　)

✱ 비음화 (1)

🎧 10-6

비음화 гэдэг нь хамрын дуу авиагаар дуудагдддаггүй гийгүүлэгч хамрын дуу авиагаар гардаг авиатай нийлж дуудагддаг үзэгдлийг хэлнэ. Хамрын дуу авиа нь хамраараа гаргаж байгаа дуу авиаг хэлж байгаа ба төлөөлсөн авиагаар ㄴ, ㅁ, ㅇ байдаг.

Дэвсгэр үсгийн дуудлага болох [ㄱ], [ㄷ], [ㅂ]-гийн ард хамрын авиа болох ㄴ, ㅁ ирвэл [ㄱ], [ㄷ], [ㅂ] нь тус тус хамрын авиа болох [ㅇ], [ㄴ], [ㅁ]-ээр дуудагдана.

앞마당 [암마당]
받침소리 [ㅂ]

● 받침소리 [ㄱ] (ㄱ, ㄲ, ㅋ, ㄺ, ㄳ) + ㄴ, ㅁ: 받침소리 [ㄱ] → [ㅇ]

국민 [궁민]   깎는 [깡는]

읽는 [잉는]   부엌문 [부엉문]

● 받침소리 [ㄷ] (ㄷ, ㅅ, ㅆ, ㅈ, ㅊ, ㅌ, ㅎ) + ㄴ, ㅁ: 받침소리 [ㄷ] → [ㄴ]

듣는 [든는]   벚나무 [번나무]

꽃망울 [꼰망울]   밭농사 [반농사]

● 받침소리 [ㅂ] (ㅂ, ㅍ, ㄼ, ㅄ) + ㄴ, ㅁ: 받침소리 [ㅂ] → [ㅁ]

밥물 [밤물]   앞날 [암날]

밟는 [밤는]   없는 [엄는]

Солонгосын зам заагч аппликейшн

Солонгос хүмүүс замаа олохгүй үедээ хүссэн газартаа хүрэхийн тулд тусгай зам заагч аппликейшныг ашигладаг. Солонгосын хотууд нь зам тээврийн түгжрээ ихтэй, зорьсон газраа хайж очиход төвөгтэй шигүү байршилтай байдаг тул тусгай зам заагчийг ашиглах хэрэгтэй болдог. Мөн замын хөдөлгөөнд оролцоход маш олон салаа зам болон хурдны зам байдаг учраас зам заагчгүй бол түргэн шуурхай хүссэн газартаа очих хэцүү. Энэ үед зам зааварлагч аппликейшн нь түгжрэл багатай хамгийн богино хугацаанд хүссэн газартаа хүрэх замыг санал болгодог давуу талтай.

Солонгосын зам заагч апп дундаас төлөөлөгч апп болох 카카오맵 байдаг. Энэхүү аппликейшн нь зорьсон газартаа хүрэх дөт замыг заахаас гадна жолооч нарт ч зам заах үйлчилгээ, автобус, метро зэрэг нийтийн тээврийн зорчих цагийн хуваарь болон тав тухтай үйлчлүүлэх талаар мэдээллийг өгдөг. Түүнээс гадна таксигаар үйлчлүүлэхдээ такси дуудах үйлчилгээтэй 카카오택시(카카오 T) аппыг ашиглан хялбар бөгөөд амархан такси дуудах боломжтой. T map зам заагч нь жолооч нарын хамгийн их ашигладаг апп юм.

▌ Kakao map

Энэхүү аппликейшнүүд нь зорьсон газрынхаа хаягийг хийгээд ямар тээврийн хэрэгсэлээр хэрхэн явж болохыг зааж өгдөг.

Хоолны газар
식당

Хичээлийн зорилго
- Хоолны газар захиалга өгч, захиалж иддэг болно.

Гол дүрэм
- –기 때문에 учраас/болохоор • 이나 юмуу, эсвэл • –네요 ш дээ
- ㄹ үсэг гээгдэх дүрэм

Соёлын хичээл
- Солонгос хоол

Шинэ үгээ урьдчилж харцгаая | 단어 미리보기

⑨ Бичлэгийг сонсоод чанга дуугаар дагаж уншаад бичих дасгал
хийгээд үзээрэй.

🎧 11-1

식당	음식	미리
хоолны газар	хоол	урьдчилан

주문하다	손님	지키다
захиалах	үйлчлүүлэгч, зочин	сахих, хамгаалах

맛있다	가격	우산
амттай	үнэ	шүхэр

감기	미끄럽다	만들다
ханиад	хальтиргаатай	хийж бүтээх

벌다	팔다	알다
хураах, цуглуулах	зарах	мэдэх

[🔊] Доорх зурагт таарсан үгийг хүснэгтнээс сонгон бичээрэй.

식당	음식	주문하다
우산	감기	미끄럽다

①

_____

②

_____

③

_____

④

_____

⑤

_____

⑥

_____

정답 --- ① 주문하다 ② 미끄럽다 ③ 음식 ④ 식당 ⑤ 우산 ⑥ 감기

Харилцан яриа | 회화

🎧 11-2

직원	네, '고향 식당'입니다.
빌궁	여보세요. 예약 좀 하려고 하는데요.
직원	네 언제, 몇 명이세요?
빌궁	다음 주 14일 저녁 7시고요, 5명이나 6명 갈 거예요.
직원	음식은 미리 주문하시겠습니까?
빌궁	아니요, 그때 가서 주문하겠습니다.
직원	알겠습니다. 저녁 시간에는 손님이 많기 때문에 시간을 잘 지켜주십시오.
빌궁	알겠습니다. 고맙습니다.

Орчуулга

Ажилтан	За, 'Куяан ресторан' байна.
Билгүүн	Байна уу. Захиалга хийх гэсэн юм.
Ажилтан	Тиймүү хэзээ, хэдэн хүн бэ?
Билгүүн	Дараа долоо хоногийн 14-ны өдөр орой 7 цагт бөгөөд, 5 хүн юмуу 6 хүн очно.
Ажилтан	Хоолоо урьдчилаад захиалах уу?
Билгүүн	Үгүй ээ, тэр үед очоод захиалья.
Ажилтан	Ойлголоо. Оройн цагт зочид их тул цагаа сайн сахиарай.
Билгүүн	За ойлголоо. Баярлалаа.

수지	빌궁 씨 뭐 먹을 거예요?
	어떤 식당으로 갈까요?
빌궁	저기 한식당이 있네요. 김치찌개 먹을래요?
수지	좋아요.

(식당에서)

수지	여기요!
주인	네, 주문하시겠습니까?
수지	김치찌개 2인분 주세요. 계란말이도 주세요.
주인	알겠습니다.

(다 먹은 후에)

수지	여기 음식이 정말 맛있네요. 가격도 저렴하고 좋아요.
빌궁	그러네요. 우리 다음에 또 와요.

Орчуулга

Сүжи	Билгүүн та юу идэх вэ? Ямар хоолны газар луу явах вэ?
Билгүүн	Тэнд Солонгос хоолны газар байна. Кимчижигэ идэх үү?
Сүжи	Тэгье.

(Цайны газарт)

Сүжи	Зөөгч өө!
Эзэн	За, юу захиалах вэ?
Сүжи	Кимчижигэ 2 хүний порц өгөөч. Өндөгний ороомог ч гэсэн өгөөрэй.
Эзэн	Ойлоголоо.

(Бүгдийг нь идсэний дараа)

Сүжи	Эндэхийн хоол үнэхээр амтай юм байна ш дээ. Үнэ нь ч бас хямд гоё юм байна.
Билгүүн	Тийм байна. Дараа дахиад ирцгээе.

✱ Гол үг хэллэгийг тогтоогоод үгийг орлуулан олон янзаар дасгал хийгээд үзээрэй.

무슨 음식을 주문하시겠습니까?
Ямар хоол захиалах вэ?

김치찌개를 주세요.
Кимчижигэ өгөөч.

Хоолны нэр

김치찌개 кимчижигэ	된장찌개 тэнжанжигэ
순두부찌개 сүндүбүжигэ	부대찌개 бүдэжигэ
삼계탕 самгетан	갈비탕 кальбитан
설렁탕 соллонтан	비빔밥 бибимбаб
김밥 кимбаб	칼국수 кальгүгсү
냉면 нэнмён	짬뽕 жамбунг
자장면 жажанмён	불고기 бүлгуги

어떤 식당으로 갈까요?
Ямар цайны газар луу явах вэ?

한식당으로 가요.
Солонгос хоолны газар луу явъя.

Хоолны газар

한식당(한식집) солонгос хоолны газар	중국집 хятад хоолны газар
양식집 европ хоолны газар	일식집 япон хоолны газар
몽골 식당 монгол хоолны газар	고깃집 шарсан махны газар
냉면집 хүйтэн гоймонгийн газар	칼국수집 гурилтай шөлний газар
치킨집 шарсан тахианы газар	분식집 түргэн хоолны газар
피자집 пиццаны газар	뷔페식당 буфет

Дүрэм | 문법

❶ –기 때문에 учраас/болохоор

Өгүүлбэрийн өмнөх агуулга нь хойд хэсгийн шалтгаан нь болсон тохиолдолд хэрэглэгдэнэ. Үйл үг, тэмдэг нэр, 이다/아니다 дээр залган хэрэглэнэ. Өнгөрсөн цаг нь –았/었기 때문에, –했기 때문에 гэж хувирна.

현재형 Одоо цаг	오다 + 기 때문에 없다 + 기 때문에 일하다 + 기 때문에 학생이다 + 기 때문에	오기 때문에 없기 때문에 일하기 때문에 학생이기 때문에
과거형 Өнгөрсөн цаг	오다 + 았기 때문에 없다 + 었기 때문에 일하다 + 했기 때문에 학생이다 + 었기 때문에	왔기 때문에 없었기 때문에 일했기 때문에 학생이었기 때문에

비가 오기 때문에 우산을 샀어요. Бороо орж байгаа учраас шүхэр худалдаж авсан.

시험이었기 때문에 공부했어요. Шалгалт байсан учраас хичээлээ хийсэн.

Нэр үгэн дээр 때문에(-аас[4] болоод) залган хэрэглэнэ.

감기 때문에 학교에 안 갔어요. Ханиаднаас болоод сургуульдаа яваагүй.

눈 때문에 길이 많이 미끄러워요. Цаснаас болоод зам их хальтиргаатай байна.

❷ 이나 юмуу, эсвэл

Нэр үгэн дээр залгагдан хоёроос дээш зүйлийг ижил нөхцөлтэйгээр холбох ба тэр дундаас аль нэг нь сонгогдох болохыг илэрхийлсэн нөхцөл. 받침 байвал 이나, байхгүй бол 나 залгагдана.

아침에 빵이나 오트밀을 먹어요. Өглөө талх юмуу овъёос иддэг.

아침에 책이나 신문을 읽어요. Өглөө ном юмуу сонин уншдаг.

우유나 주스를 마셔요. Сүү юмуу жүүс уудаг.

버스나 지하철을 타요. Автобус юмуу метронд суудаг.

❸ -네요 ш дээ

Үйл үг болон тэмдэг нэр, 이다/아니다 дээр залгагдан ярьж байгаа хүн өөрийн биеэр үзэж туулсан шинээр мэдэж авсан зүйлийнхээ талаар гайхан биширч байгааг илэрхийлэхэд хэрэглэх нөхцөл. Өнгөрсөн цаг нь -았/었네요, -했네요 болж хувирна.

현재형 Одоо цаг	오다 + 네요 읽다 + 네요 공부하다 + 네요 학생이다 + 네요	오네요 읽네요 공부하네요 학생이네요
과거형 Өнгөрсөн цаг	오다 + 았네요 읽다 + 었네요 공부하다 + 했네요 학생이다 + 었네요	왔네요 읽었네요 공부했네요 학생이었네요

밖에 눈이 오네요. Гадаа цас орж байна ш дээ.

택배가 왔네요. Хүргэлт ирсэн байна ш дээ.

❹ ㄹ үсэг гээгдэх дүрэм

Үйл үгийн үндсийн сүүлийн үсэг ㄹ үсгээр төгссөн үгэн дээр ㄴ, ㅂ, ㅅ үсгээр эхэлсэн холбох нөхцөл орвол ㄹ үсэг гээгдэнэ.

	-ㅂ니다	-세요	-네요
살다	삽니다	사세요	사네요
울다	웁니다	우세요	우네요
벌다	법니다	버세요	버네요
알다	압니다	아세요	아네요
팔다	팝니다	파세요	파네요
만들다	만듭니다	만드세요	만드네요

서울에서 삽니다. Сөүлд амьдардаг.

무슨 음식을 만드세요? Ямар хоол хийж байна вэ?

돈 많이 버세요. Мөнгө их хураагаарай.

중고 가구를 팝니다. Хуучин тавилга зарж байна.

1 Харилцан яриаг сонсоод 2 хүн юу хийж байгааг олоорой.

🎧 11-4

①    ②    ③

2 Дараах 2 хүний захиалгыг сайн сонсоод зөв хариултыг сонгоорой.

🎧 11-5

①    ②

③    ④

1 Жишээтэй адилаар өгүүлбэрийг гүйцээж бичнэ үү.

Жишээ

김치는 맵기 때문에 잘 못 먹어요. (맵다)

(1) 집이 _____ 일찍 출발해요. (멀다)

(2) 날씨가 _____ 옷을 두껍게 입어요. (춥다)

(3) 빌궁은 노래를 _____ 인기가 많아요. (잘하다)

(4) 그 식당은 음식이 _____ 손님이 많아요. (맛있다)

2 Дараах хүснэгтийг нөхөж бичнэ үү.

	–기 때문에	–네요	–세요	–ㅂ니다
놀다				
들다				
벌다				
살다				
알다				
열다				
울다				
팔다				
길다				
만들다				

* Дараахыг уншаад агуулгатай адил бол ○, адилхан биш байвал × гэж тэмдэглэнэ үү.

🙎 맛집 후기

지난주에 '한국 밥상' 식당을 방문했습니다.
주말이어서 사람이 많아서 복잡했지만 음식이
맛있고 직원 분도 친절했기 때문에 좋았습니다.
한국 밥상에서 고등어조림이나 김치찌개를
드셔 보세요.

#한식 #김치찌개 #고등어조림

(1) 지수는 지난 주말에 여행을 갔다. (   )

(2) 한국 밥상 직원은 친절하지 않았다. (   )

(3) 한국 밥상은 고등어조림과 김치찌개가 맛있다. (   )

* 비음화 (2)

🎧 11-6

Дэвсгэр үсэг ㅁ, ㅇ ард ирэх ㄹ нь [ㄴ]-ээр дуудагдана.

침략 [침냑]

담력 [담녁]   염려 [염녀]

명령 [명녕]   공룡 [공뇽]

Дэвсгэр үсэг ㄱ, ㅂ-гийн араас ирэх ㄹ ч бас [ㄴ]-ээр дуудагдана.

석류 [성뉴]

국립 [궁닙]   협력 [혐녁]

착륙 [창뉵]   십리 [심니]

독립 [동닙]   합리 [함니]

대학로 [대항노]   수업료 [수엄뇨]

Солонгос хоол

Солонгос улс нь тариалан эрхлэхэд тохиромжтой уур амьсгалтай тул эрт дээр үеэс будаа ногоо нь гол хоол хүнс байсан бөгөөд талбайн янз бүрийн ногоо, хүнсний ногоо, далайгаас барьсан загас, хясаануудыг хачир болгон хоолондоо ашигладаг байжээ. Үндсэн хоол болон хачир гэж тусдаа гардаггүй бусад орноос ялгаатай нь Солонгос хоол нь үндсэн хоол болон хачир нь тусдаа гардаг.

Үр тариаг үндсэн хоол хүнсээ болгосон бөгөөд үр тарианы үйлдвэрлэл өндөр тул тэдгээрийг ашиглаж янз бүрээр боловсруулан хоол хүнсэндээ хэрэглэдэг байжээ. Жишээлбэл, 국수(гоймон), 떡(цагаан будааны бялуу), 두부(дүпү), 간장(цуу), 술(архи) зэрэг юм.

Мөн Солонгос нь 4 улиралтай тул улирал бүрийн ургац хоол хүнсийг удаан хугацаанд хадгалах зорилгоор удаан хугацаагаар хадгалах аргыг боловсруулсан бөгөөд 김치(кимчи), 젓갈(давсалсан загас), 장아찌(даршилсан ногоо) нь тэрний нэг жишээ юм.

| цагаан будааны бялуу | кимчи | давсалсан загас |

Солонгосчууд шөлтэй халуун хоолонд дуртай бөгөөд олон төрлийн амтлагч халуун ногоотой хоолонд дуртай. Солонгосын халуун амтлагчны нэг бол 고춧가루(нунтаг улаан чинжүү), 파(ногоон сонгино), 마늘(сармис), 생강(цагаан гаа) ордог бөгөөд бараг бүх солонгос хоолонд эдгээр амтлагч ордог.

Солонгос хоолны соёлд өдөрт гурван удаа хооллох дүрэм байдаг. Эрт дээр үеэс өглөөний цайгаа уух ёстой гэж бодож, оройн хоолоо үдийн хоолноос илүү сайн идэх ёстой гэж боддог байсан. Гэсэн хэдий ч орчин үед энэ нь өглөөний цайгаа алгасах эсвэл бага зэрэг идэхээр өөрчлөгдөж байна.

Сонирхол

취향

Хичээлийн зорилго

- Дуртай зүйлийнхээ талаар ярьж чаддаг болно.

Гол дүрэм

- –기로 하다 -хаар[4] болох • ㄹ дүрмийн бус хувирал
- –(으)ㄹ 줄 알다/모르다 -ж/ч мэдэх/мэдэхгүй • 밖에 -аас[4] гадна/өөр
- 마다 бүр/болгон

Соёлын хичээл

- Солонгосчуудын уламжлалт өнгө 'Убансэг(오방색)'

🎧 Бичлэгийг сонсоод чанга дуугаар дагаж уншаад бичих дасгал хийгээд үзээрэй.

🎧 12-1

빨간색 улаан өнгө	**어울리다** зохих	**색깔** өнгө
검은색 хар өнгө	**그래서** тиймээс	**환하다** гэгээтэй
다음에 дараа	**시도하다** оролдлого хийх	**지금** одоо
음악 хөгжим	**듣다** сонсох	**익히다** тогтоох
장르 төрөл	**고르다** сонгох	**바르다** түрхэх

[🐦] Доорх зурагт таарсан үгийг хүснэгтнээс сонгон бичээрэй.

빨간색	듣다	색깔
환하다	검은색	바르다

①

_____

②

_____

③

_____

④

_____

⑤

_____

⑥

_____

정답 --- ① 색깔 ② 환하다 ③ 빨간색 ④ 검은색 ⑤ 바르다 ⑥ 듣다

🎧 12-2

빌궁	수지 씨, 빨간색 옷이 잘 어울리네요.
수지	고마워요. 저는 빨간색을 좋아해요.
	빌궁 씨는 무슨 색깔을 좋아해요?
빌궁	저는 검은색을 좋아해요. 그래서 옷도
	검은색밖에 없어요.
수지	빌궁 씨는 환한 색도 잘 어울릴 것 같아요.
빌궁	그래요. 그럼 다음에 한번 시도해 볼게요.

Орчуулга

Билгүүн	Сүжи танд улаан хувцас гоё зохиж байна.
Сүжи	Баярлалаа. Би улаан өнгөнд дуртай. Билгүүн та ямар өнгөнд дуртай вэ?
Билгүүн	Би хар өнгөнд дуртай. Тиймээс хувцас ч бас хар өнгөөс өөр байхгүй.
Сүжи	Билгүүн танд цайвар өнгө гоё зохих юм шиг байна.
Билгүүн	Тийм үү. Тэгвэл дараа нэг удаа өмсөөд үзье.

사라	마이클 씨, 지금 뭐 해요?
마이클	음악을 들어요. 저는 점심시간마다 음악을 들어요.
사라	무슨 음악을 들어요?
마이클	K-POP을 듣고 있어요. 다음 주에 콘서트에 가기로 해서 미리 음악을 익혀 놓으려고요. 한국 노래 부를 줄 알아요?
사라	네, 조금씩 따라 불러요.
마이클	사라 씨는 어떤 장르의 음악을 좋아해요?
사라	저는 클래식을 좋아해요. 빠른 음악은 잘 안 들어요.

✱ Гол үг хэллэгийг тогтоогоод үгийг орлуулан олон янзаар дасгал хийгээд үзээрэй.

무슨 색깔을 좋아해요?
Ямар өнгөнд дуртай вэ?

빨간색을 좋아해요.
Улаан өнгөнд дуртай.

Өнгө

흰색/백색 цагаан өнгө	검은색/흑색 хар өнгө
빨간색/붉은색 улаан өнгө	분홍색 ягаан өнгө
노란색/황색 шар өнгө	주황색 улбар шар өнгө
파란색 цэнхэр өнгө	초록색 ногоон өнгө
남색 хөх өнгө	보라색 нил ягаан өнгө
갈색 бор өнгө	회색 саарал өнгө

어떤 장르의 음악을 좋아해요?
Ямар төрлийн хөгжим сонирхдог вэ?

클래식을 좋아해요.
Сонгодог хөгжимд дуртай.

Хөгжмийн жанр

힙합 хип-хоп	재즈 жааз
트로트 зохиолын дуу	발라드 уянгийн дуу
오페라 дуурь	락 рок
클래식 сонгодог хөгжим	팝 поп
댄스 бүжгийн ая	K-POP Солонгос хамтлаг

❶ −기로 하다 -хаар⁴ болох

Өмнөх үгийн илэрхийлж буй үйлдлийг хийхээр шийдэх юмуу амлаж байгааг илэрхийлж буй үг хэллэг.

우리는 내일 만나기로 했어요. Бид маргааш уулзахаар болсон.

가족들과 함께 다음 달에 여행을 가기로 했어요.
Гэр бүлтэйгээ хамт дараа сард аялалаар явахаар болсон.

우리 주말에 영화를 보기로 해요. Хоёулаа хагас бүтэн сайнд кино үзэхээр болъё.

그 사람이 내일 오기로 했어요. Тэр хүн маргааш ирэхээр болсон.

같이 도서관에서 책을 읽기로 해요. Хамт номын санд ном уншихаар болъё.

우리 집에서 저녁을 먹기로 했어요. Манай гэрт оройн хоол идэхээр болсон.

❷ 르 дүрмийн бус хувирал

르-ээр төгссөн үгийн үндсийн араас холбох нөхцөл болох −아/어 орвол ㅡ гээгдэн ㄹ үсэг нэмэгдэхийг хэлнэ. Энэ үед урд талын ㄹ нь үгийн үндсийн дэвсгэр үсэг болж ирнэ.

빠르다 + 아요 → 빠ㄹㄹ + 아요 → 빨라요
탈락   받침으로 이동 추가

	−아/어요	−았/었어요
빠르다	빨라요	빨랐어요
바르다	발라요	발랐어요
부르다	불러요	불렀어요
고르다	골라요	골랐어요
오르다	올라요	올랐어요
자르다	잘라요	잘랐어요
모르다	몰라요	몰랐어요
다르다	달라요	달랐어요

연고를 발라요. Тос(шархны) түрхэж байна.

노래를 불러요. Дуу дуулж байна.

야채 값이 곧 올라요. Ногооны үнэ удахгүй нэмнэ.

머리를 잘라요. Үсээ тайрч байна.

한국말을 잘 몰라요. Солонгос хэл сайн мэдэхгүй.

❸ –(으)ㄹ 줄 알다/모르다 -ж/ч мэдэх/мэдэхгүй

Үйл үгэн дээр залган чадварыг хэлэх үед хэрэглэнэ. –(으)ㄹ 수 있다/없다-тай утга нь төстэй.

받침 ○	–을 줄 알다/모르다	먹다 + 을 줄 알다/모르다 읽다 + 을 줄 알다 모르다	먹을 줄 알다/모르다 읽을 줄 알다/모르다
받침 ×, ㄹ 받침 (ㄹ 탈락)	–ㄹ 줄 알다/모르다	하다 + ㄹ 줄 알다/모르다 가다 + ㄹ 줄 알다/모르다 만들다 + ㄹ 줄 알다/모르다 놀다 + ㄹ 줄 알다/모르다	할 줄 알다/모르다 갈 줄 알다/모르다 만들 줄 알다/모르다 놀 줄 알다/모르다

가: 한국 음식을 먹을 줄 알아요? Солонгос хоол идэж чадах уу?

나: 네, 먹을 줄 알아요. Тиймээ идэж чадна.

가: 이 일 할 줄 알아요? Энэ ажлыг хийж мэдэх үү?

나: 네, 할 줄 알아요. Тиймээ, хийж мэднэ.

❹ 밖에 -aac⁴ гадна/өөр

Нэр үгэн дээр залган 'түүнээс гадна', 'тэрнээс өөр' гэсэн утгыг илэрхийлсэн нөхцөл. Араас нь үгүйсгэсэн хэлбэрийг илэрхийлэх үг ирнэ.

저에게 만 원밖에 없어요. Надад 10,000 воноос өөр байхгүй.

이 책밖에 없어요. Энэ номноос гадна алга.

이것밖에 없어요. Энэнээс өөр байхгүй.

이 신발이 지금 검은색밖에 없네요. Энэ гутал одоо хар өнгөнөөс өөр байхгүй.

❺ 마다 бүр/болгон

Нэр үгийн ард залгагдан нэгийг ч дутаалгүй бүгд хэмээх утгыг илэрхийлсэн нөхцөл.

저는 아침마다 운동해요. Би өглөө бүр дасгал хийдэг.

사람마다 취향이 달라요. Хүн болгон сонирхол нь өөр.

나라마다 문화가 달라요. Улс орон бүр соёл нь өөр.

우리 언니는 주말마다 한국 드라마를 봐요. Манай эгч амралтын өдөр бүр Солонгос драма үздэг.

1 Харилцан яриаг сонсоод эмэгтэйн дургүй өнгийг сонгоно уу.

🎧 12-4

① ② ③ ④

2 Харилцан яриаг сонсоод агуулгатай адилхан бол ○, адилхан биш байвал ✕ гэж тэмдэглэнэ үү.

🎧 12-5

(1) Жисү нь хослол байнга өмсдөг. (　　　)

(2) Жисү нь цагаан өнгийн хувцас байнга өмсдөг. (　　　)

(3) Жисү интернэт худалдаа байнга хийдэг. (　　　)

(4) Жисү дэлгүүрээс хувцас авдаг. (　　　)

Бичих дасгал | 쓰기 연습

1 Дараах жишээтэй адилаар өгөгдсөн үгийг тохирох нөхцөлөөр холбож өгүүлбэр болгож бичнэ үү.

> **Жишээ**
>
> 저녁, 친구를 만나다 → 저녁에 친구를 만나기로 했어요.

(1) 주말, 쇼핑하다 _____

(2) 아침, 조깅하다 _____

(3) 공원, 산책하다 _____

(4) 다음 달, 여행을 가다 _____

(5) 커피숍, 커피를 마시다 _____

2 Дараах хүснэгтийг нөхөж бичнэ үү.

	–고	–아/어요
기르다	기르고	길러요
빠르다		
바르다		
부르다		
고르다		
오르다		
자르다		
모르다		
다르다		
누르다		

✳ Дараахыг уншаад агуулгатай адил бол ○, адилхан биш байвал ✕ гэж тэмдэглэнэ үү.

댄스 학원 수강생을 모집합니다

취향에 따라서 수업을 선택할 수 있습니다.
재즈댄스, 삼바, 발리댄스 등이 있습니다.
누구든지 환영합니다. 초보자도 가능합니다.

월	화	수	목	금
09:00 재즈				09:00 재즈
10:00 발리		10:00 발리		10:00 발리
	11:00 삼바		11:00 삼바	

(1) 댄스 학원에서 4가지 댄스를 배울 수 있다. (   )

(2) 재즈 댄스 수업은 월요일과 금요일에 있다. (   )

(3) 삼바 수업은 화요일과 목요일에 있다. (   )

(4) 실력에 따라 수업을 선택할 수 있다. (   )

* 구개음화

🎧 12-6

Дэвсгэр үсэг ㄷ, ㅌ нь эгшиг ㅣ-тэй уулзвал дуудлага нь ㅈ, ㅊ-аар солигдон, [지], [치]-ээр дуудагдана.

굳이 [구지]

곧이 [고지]
미닫이 [미다지]
해돋이 [해도지]

밭이 [바치]

같이 [가치]
끝이 [끄치]
솥이 [소치]

ㄷ нь ㅎ-тэй уулзвал [치]-ээр дуудагдана.

굳히다 [구치다]

묻히다 [무치다]
닫히다 [다치다]
받히다 [바치다]

Солонгосчуудын уламжлалт өнгө 'Убансэг(오방색)'

Улс орон бүр тухайн улсын түүх соёлтой холбоотойгоор эрхэмлэдэг өнгө гэж байдаг. Убансэг нь Солонгосын уламжлалт өнгө бөгөөд 청(хөх), 백(цагаан), 적(улаан), 황(алтан шар), 흑(хар) гэх 5 өнгө байдаг. Энэхүү 5 өнгө нь Солонгосын төрийн далбаа болон уламжлалт хувцас, барилганаас харах боломжтой өнгө юм.

청(хөх) өнгө нь ад чөтгөрийг хөөж ивээл буянг бэлэгддэг өнгө бөгөөд 백(цагаан) өнгө нь цэвэр ариун үнэнч шудрага

| хааны өмсгөл

занг бэлэгддэг учраас Солонгосчууд эрт дээр үеэс цагаан хувцас өмсөх дуртай байжээ. 적(улаан) өнгө нь бүтээлч хүсэл тэмүүлэл, хайр сэтгэлийг илэрхийлсэн өнгө бөгөөд 2002 оны Дэлхийн цомын тэмцээнд Солонгосчуудыг нэгтгэж чадсан улаан чөтгөр 붉은악마 өнгөөр алдартай. Мөн эрт дээр үеэс Солонгосын хаад ноёдын хувцасны өнгөөр их хэрэглэгддэг байсан бөгөөд эрх мэдэл цэрэг дайны бэлэгдэл болсон өнгө байжээ. 황(алтан шар) өнгө нь эрхэс, сүр хүч тэнгэрлэг зүйлүүдийг бэлэгддэг эрхэмсэг өнгө гэж үздэг бөгөөд хаад ноёдын хувцас урлахад хэрэглэдэг байжээ. Эрт дээр үеэс хүн бүр ашиглах боломжгүй өнгө бөгөөд хаад ноёд л өмсөж зүүж хэрэглэх боломжтой өнгө одоо ч гэсэн алтан шар өнгийг эрхэмлэн дээдэлдэг. Харин 흑(хар) өнгө нь хүн төрөлхтөний оюун ухааныг бэлэгддэг. Мөн хар цагаан өнгөний хослол нь эрт дээр үеийн эрдэмтдийн дүрэмт хувцаст ч ихээр ашиглагддаг байжээ.

Ийнхүү 5 өнгийн Убансэг 오방색 нь Солонгосчуудын амьдралтай тасралтгүй холбоотой юм. Хуримын өдөр сүйт бүсгүйд улаан өнгийн чимэглэл тавидаг нь ад чөтгөр муу муухайгаас хамгаалах бэлэгдэл хүүхдүүдэд 5 өнгийн Убансэг орсон хантааз өмсгөх соёл, ваарандаа улаан чинжүү зүүдэг соёл нь бүгд энэхүү Убансэг-тэй холбоотой юм.

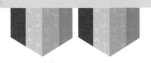

Эмнэлэг

병원

Хичээлийн зорилго

- Эмнэлэгт үзүүлж байх үедээ өөрийн өвчний шинж тэмдэгээ тодорхой хэлж илэрхийлж чаддаг болно.

Гол дүрэм

- –아/어도 되다 -ж/ч болно   • –(으)면 안 되다 -вал⁴, -ж/ч болохгүй
- –지 마세요 битгий ... -аарай⁴   • ㅅ дүрмийн бус хувирал
- –게 -хан⁴, -тай⁴

Соёлын хичээл

- Солонгосын эмнэлэгүүд

◉ Бичлэгийг сонсоод чанга дуугаар дагаж уншаад бичих дасгал хийгээд үзээрэй.

🎧 13-1

진료 эмчилгээ	**원하다** хүсэх	**정형외과** гэмтлийн тасаг
-------------------	-------------------	-------------------
불편하다 тав тухгүй	**올라가다** өгсөх	**인대** шөрмөс
-------------------	-------------------	-------------------
들다 өргөх	**무리하다** хэтрүүлэх	**물리치료** физик эмчилгээ
-------------------	-------------------	-------------------
낫다 эдгэрэх	**붓다** хавдах	**처방하다** эм бичиж өгөх
-------------------	-------------------	-------------------
열다 нээх	**뛰다** гүйх	**버리다** хаях

[🔊] Доорх зурагт таарсан үгийг хүснэгтнээс сонгон бичээрэй.

진료	들다	붓다
열다	뛰다	버리다

①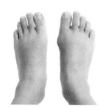

_____

②

_____

③

_____

④

_____

⑤

_____

⑥

_____

정답 --- ① 붓다 ② 뛰다 ③ 진료 ④ 열다 ⑤ 버리다 ⑥ 들다

🎧 13-2

간호사	어느 과에 진료를 원하세요?
마이클	정형외과요.
간호사	잠시만 기다리세요.

의사	어디가 불편하세요?
마이클	어깨가 아프고 팔이 잘 올라가지 않아요.
의사	먼저 엑스레이를 찍고 기다려 주세요.
(잠시 후)	
의사	어깨 인대가 늘어났네요. 무거운 짐을 들거나 무리해서 팔을 쓰면 안 됩니다. 물리치료를 받으시고 낫지 않으면 다시 오세요.
마이클	네, 고맙습니다.

Орчуулга

Сувилагч	Та аль тасагт үзүүлэх вэ?
Майкл	Гэмтлийн тасаг.
Сувилагч	Түр хүлээгээрэй.

Эмч	Хаана нь өвдөж байна?
Майкл	Мөр өвдөөд гар дээшээ болохгүй байна.
Эмч	Эхлээд X-RAY даруулаад хүлээгээрэй.
(хэсэг хугацааны дараа)	
Эмч	Мөрний шөрмөс сунасан байна. Хүнд ачаа өргөх юмуу ачаалал их өгвөл болохгүй. Физик эмчилгээ аваад эдгэрэхгүй бол дахиж ирээрэй.
Майкл	За, баярлалаа.

의사	어디가 아프세요?
사라	목이 아프고 콧물이 나요.
의사	'아' 해 보세요. 편도선이 부었네요. 약을 3일치 처방해 드리겠습니다. 말을 많이 하지 말고 목을 따뜻하게 해 주세요.
사라	커피를 마셔도 될까요?
의사	커피보다는 따뜻한 물을 많이 드세요.
사라	알겠습니다. 감사합니다.

Орчуулга

Эмч	Хаана нь өвдөж байна?
Сараа	Хоолой өвдөөд нус гоожоод байна.
Эмч	'Аа~' гээрэй. Бүйлсэн булчирхай хавдсан байна ш дээ. Эм 3 өдрийнхийг бичиж огьс. Их ярьж болохгүй ба хоолойгоо дулаахан байлгаарай.
Сараа	Кофе ууж болох уу?
Эмч	Кофеноос илүү халуун бүлээн ус их уугаарай.
Сараа	Ойлголоо. Баярлалаа.

Харилцан ярианы дасгал | 회화 연습

✳ Гол үг хэллэгийг тогтоогоод үгийг орлуулан олон янзаар дасгал хийгээд үзээрэй.

어느 과에 진료를 원하세요?
Аль тасагт үзүүлэх вэ?

정형외과요.
Гэмтлийн тасагт.

Эмчилгээний тасаг

내과 дотрын тасаг	정형외과/외과 гэмтлийн тасаг
이비인후과 чих хамар хоолойн тасаг	산부인과 эмэгтэйчүүдийн тасаг
신경정신과 мэдрэлийн тасаг	안과 нүдний тасаг
피부과 арьс өнгөний тасаг	치과 шүд эрүүний тасаг
비뇨기과 бөөр давсагны тасаг	소아과 хүүхдийн тасаг

어디가 아프세요?
Хаана нь өвдөж байна вэ?

목이 아프고 콧물이 나요.
Хоолой өвдөөд нус гоожоод байна.

Өвдөлт

머리가 아프다 толгой өвдөх	기침을 하다 ханиалгах
목이 아프다 хоолой өвдөх	콧물이 나다 нус гоожих
열이 나다 халуурах	배가 아프다 гэдэс өвдөх
설사하다 гүйлгэх	토하다 бөөлжих
피부가 가렵다 арьс загтнах	코피가 나다 хамраас цус гарах
어지럽다 толгой эргэх	두드러기가 나다 харшил гарах

① –아/어도 되다 -ж/ч болно

Үйл үг болон тэмдэг нэрэн дээр залган зөвшөөрөл авах юмуу зөвшөөрөл өгөхийг илэрхийлэх нөхцөл. Үйл үг болон тэмдэг нэрийн үгийн үндсийн сүүлийн эгшиг ㅏ, ㅗ-аар төгссөн байвал –아도 되다, бусад эгшиг дээр –어도 되다, –하다 нь –해도 되다 болно.

ㅏ, ㅗ	–아도 되다	가다 + 아도 되다 만나다 + 아도 되다	가도 되다 만나도 되다
ㅏ, ㅗ 이외	–어도 되다	먹다 + 어도 되다 쉬다 + 어도 되다 열다 + 어도 되다	먹어도 되다 쉬어도 되다 열어도 되다
–하다	–해도 되다	운동하다 운전하다	운동해도 되다 운전해도 되다

창문을 열어도 될까요? Цонх онгойлгож болох уу?

지금 가도 돼요*. Одоо явж болно.

이 딸기를 하나 먹어도 돼요? Энэ гүзээлзгэнэ нэгийг идэж болох уу?

* 되다 + 어요 → 되어요 → 돼요

② –(으)면 안 되다 -вал⁴, -ж/ч болохгүй

Үйл үг болон тэмдэг нэрэн дээр залган хориглосон утгыг илэрхийлсэн нөхцөл. Холбох нөхцөл болох –으면 болон үгүйсгэсэн нөхцөл 안, 되다-тай хамт хэрэглэгдэнэ.

받침 ○	–으면 안 되다	앉다 + 으면 안 되다 읽다 + 으면 안 되다 먹다 + 으면 안 되다	앉으면 안 되다 읽으면 안 되다 먹으면 안 되다
받침 ×, ㄹ 받침	–면 안 되다	가다 + 면 안 되다 만나다 + 면 안 되다 길다 + 면 안 되다	가면 안 되다 만나면 안 되다 길면 안 되다

여기 앉으면 안 됩니다. Энд суужх болохгүй.

지금 가면 안 돼요. Одоо явж болохгүй.

그 사람을 만나면 안 돼요. Тэр хүнтэй уулзаж болохгүй.

❸ –지 마세요 битгий ... -аарай⁴

Үйл үгэн дээр залган ямар нэгэн хийж болохгүй болон хориотой зүйл байх үед хэрэглэгдэнэ. Холбох нөхцөл болох –지 болон үйл үг 말다-тай хамт хэрэглэгдэнэ.

뛰지 마세요. Битгий гүйгээрэй.

떠들지 마세요. Битгий шуугиарай.

전화하지 마세요. Утсаар битгий яриарай.

쓰레기를 버리지 마세요. Хог битгий хаяаарай.

❹ ㅅ дүрмийн бус хувирал

Үйл үгийн үндсийн сүүлийн үсэг ㅅ үсгээр төгссөн үгэн дээр эгшигээр эхэлсэн холбох нөхцөл орвол ㅅ нь гээгдэх тохиолдол байдаг.

낫다 + 아요 → 나아요

탈락

		–아/어요	–았/었어요	–(으)면
불규칙	짓다	지어요	지었어요	지으면
	젓다	저어요	저었어요	저으면
	낫다	나아요	나았어요	나으면
	붓다	부어요	부었어요	부으면
	긋다	그어요	그었어요	그으면
규칙	벗다	벗어요	벗었어요	벗으면
	씻다	씻어요	씻었어요	씻으면
	빗다	빗어요	빗었어요	빗으면

감기가 나으면 같이 놀이공원에 가요. Ханиад нь эдгэрвэл хамт парк явъя.

어제 라면을 먹고 자서 얼굴이 부었어요. Өчигдөр гоймон идэж унтаад нүүр хавдсан.

❺ –게 -хан⁴, -тай⁴

Тэмдэг нэр болон үйл үгэн дээр залган ард ирж байгаа үйлдлийн нөхцөл байдал, хэмжээг илэрхийлэх нөхцөл.

맛있게 드세요. Амтархан идээрэй.

머리를 짧게 잘랐어요. Үсээ богинохон тайрсан.

청소를 깨끗하게 했어요. Цэвэрлэгээ цэвэрхэн хийсэн.

Сонсох дасгал | 듣기 연습

---

1 Харилцан яриаг сонсоод өвчтөний очих хэрэгтэй тасгийг сонгоно уу.

🎧 13-4

① дотрын тасаг   ② арьс өнгөний тасаг

③ шүдний эмнэлэг   ④ чих хамар хоолойн тасаг

(1) _____   (2) _____

(3) _____   (4) _____

2 Харилцан яриаг сонсоод агуулгатай адил бол ○, адилхан биш байвал ✕ гэж тэмдэглэнэ үү.

🎧 13-5

(1) Хоолой өвдөөд ханиалгаад байна. ( )

(2) Халуураад байна. ( )

(3) 2 долоо хоногийн өмнөөс өвдсөн. ( )

(4) 3 өдрийн эмийн жор авсан. ( )

1 Дараах үгийг тохирох нөхцөлөөр хувирган өгүүлбэрийг гүйцээнэ үү.

Жишээ

오늘 아침에 <u>늦게</u> 일어났어요. (늦다)

(1) _____ 입으세요. (예쁘다)

(2) 방을 _____ 청소했어요. (깨끗하다)

(3) 제 동생은 치마를 _____ 입어요. (짧다)

(4) 옷을 _____ 입으세요. (따뜻하다)

(5) 김밥을 _____ 만들었어요. (맛있다)

2 Дараах хүснэгтийг нөхөж бичнэ үү.

	–네요	–아/어요	–(으)면	–았/었어요
긋다	긋네요	그어요	그으면	그었어요
낫다				
젓다				
붓다				
짓다				
벗다				
웃다				
씻다				
빗다				
빼앗다				

＊ Дараахыг уншаад агуулгатай адил бол ○, адилхан биш байвал ✕ гэж тэмдэглэнэ үү.

무료 예방 접종 안내

예방 접종 기간: 10월 15일 ~ 11월 15일

대상: 70세 이상

장소: 광진구 보건소

(1) 예방 접종 기간은 1달이다. (　　　)

(2) 예방 접종 시 돈을 내야 한다. (　　　)

(3) 어린이도 예방 접종을 받을 수 있다. (　　　)

(4) 예방 접종은 광진구 보건소에서 한다. (　　　)

* 거센소리되기 (1)

ㄱ, ㄷ, ㅂ, ㅈ-гийн урд юмуу ард ㅎ ирвэл ㄱ, ㄷ, ㅂ, ㅈ нь ㅋ, ㅌ, ㅍ, ㅊ гэсэн чанга авиагаар дуудагдана. Эхлээд ㅎ дэвсгэр үсэг ㄱ, ㄷ, ㅈ-гийн урд ирэх тохиолдлыг сурцгаая.

Дэвсгэр үсэг болох ㅎ нь эхний авиа болох гийгүүлэгч ㄱ, ㄷ, ㅈ-тэй уулзах үед, дэвсгэр үсэг ㅎ нь эхний авиа руу шилжин ㄱ, ㄷ, ㅈ-тэй уулзан тус тус [ㅋ], [ㅌ], [ㅊ]-гээр дуудагдана.

$$ㅎ + ㄱ, ㄷ, ㅈ$$
$$\downarrow \quad \downarrow \quad \downarrow$$
$$ㅋ, ㅌ, ㅊ$$

● ㅎ + ㄱ → [ㅋ]

잃고 [일코]	많고 [만코]
앓고 [알코]	그렇게 [그러케]
이렇게 [이러케]	어떻게 [어떠케]

● ㅎ + ㄷ → [ㅌ]

좋다 [조타]	놓다 [노타]
많다 [만타]	싫다 [실타]
않다 [안타]	까맣다 [까마타]

● ㅎ + ㅈ → [ㅊ]

놓자마자 [노차마자]	좋지만 [조치만]
끊자마자 [끈차마자]	싫지만 [실치만]

Солонгосын эмнэлэгүүд

Солонгосын эмнэлэгүүд хүн амдаа хүртээмжтэй, өндөр чанартай эмнэлэгийн үйлчилгээ үзүүлдэг. Ор, эмчилгээний тасгаар нь анхан шатнаас гуравдугаар шатлалын эмчилгээнд хуваагддаг. Анхан шатны эмчилгээний байгууллага болох клиникуудыг бүс нутгаар нь олоход хялбар байдаг. Мөн гадаадын иргэдэд эмнэлэгийн орчуулгын үйлчилгээг үзүүлдэг эмнэлэгүүд ч нэмэгдэж байна.

Анхан шатны эмчилгээ оношилгоо үзүүлэх эмнэлэг нь өвчний эхэн үед хайж үйлчлүүлэхэд зохистой бөгөөд ерөнхий шинжилгээ болон оношлогоог хийх бөгөөд үүнд дүүргийн бүс нутгийн клинник эмнэлэгүүд багтдаг. 2-р шатлалын эмчилгээний байгуулага нь 4 ба түүнээс дээш төрлийн мэргэшсэн эмчилгээг үзүүлэх ба мэргэжлийн мэргэшсэн эмч нар байдаг эмнэлэг юм. Эмнэлэгт хэвтэх болон үзлэгээр эмчилгээ авах боломжтой бөгөөд 30-аас 500-гаад ортой эмнэлэгүүд багтдаг. Хамгийн эцсийн шатны эмнэлэгийн байгууллага буюу гуравдугаар шатлалын эмчилгээг үзүүлдэг эмнэлэг нь бүх төрлийн эмчилгээ үзлэгийг хийх бөгөөд нарийн мэргэжлийн үзлэгийн тасгууд бүгд байдаг. Нэгдсэн эмнэлэг буюу 종합병원 нь 500-гаас дээш ортой хүчин чадлын хэмжээ өндөр эмнэлэгүүд юм.

 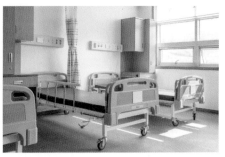

| их дээд сургуулийн эмнэлэг | өвчтөний өрөө

Анхан шатны эмнэлэгийн байгууллага болон 2-р шатны эмнэлэгийн байгууллагууд нь цаг урьдчилан авах хэрэггүй байдаг ч 3-р шатлалын эмнэлэгийн байгууллагад үзлэгт хамрагдахын тулд анхан шат, дараах шатны эмнэлэгийн байгууллагаас хийсэн оношлогооны бичиг юмуу магадлагаа хэрэгтэй болдог. Хэрэв дээрх 2 байгууллагаар дамжихгүй ирвэл анхан шатны оношлогооны төлбөр давхар гардаг.

Банк

은행

Хичээлийн зорилго

- Банкаар үйлчлүүлэхэд хэрэглэгддэг үг хэллэгийг сурах болно.

Гол дүрэм

- –나요? 우/유? • –는데 -ж/ч байна л даа тэгсэн чинь
- –(으)면서 -нгаа⁴ • –(으)ㄹ 때 -х үед, -ж/ч байхад

Соёлын хичээл

- Солонгосын банк

Шинэ үгээ урьдчилж харцгаая | 단어 미리보기

Бичлэгийг сонсоод чанга дуугаар дагаж уншаад бичих дасгал хийгээд үзээрэй.

🎧 14-1

돕다 туслах	**통장** дансны дэвтэр	**만들다** хийж бүтээх
신분증 биеийн байцаалт	**모바일 뱅킹** мобайл банк	**사용하다** хэрэглэх
신청하다 бүртгүүлэх	**작성하다** бичих	**체크하다** тэмдэглэх
부분 хэсэг	**환전** мөнгө солих	**환율** ханш
화면 дэлгэц	**장소** газар	**지갑** түрийвч

[🌳] Доорх зурагт таарсан үгийг хүснэгтнээс сонгон бичээрэй.

통장	환전	지갑
체크하다	신분증	작성하다

①

_____

②

_____

③

_____

④

_____

⑤

_____

⑥

_____

정답 --- ① 체크하다 ② 신분증 ③ 통장 ④ 작성하다 ⑤ 환전 ⑥ 지갑

은행원 무엇을 도와 드릴까요?

빌궁 통장을 만들려고 합니다.

은행원 신분증을 주시겠어요?

빌궁 여기 있습니다. 모바일 뱅킹도 사용하려고
하는데, 여기서 신청하면 되나요?

은행원 네, 신청서를 작성해 주시면 됩니다.
여기 체크한 부분을 써 주세요.

빌궁 알겠습니다.

Орчуулга

Банкны ажилтан	Юугаар туслах вэ?
Билгүүн	Дансны дэвтэр нээлгэх гэсэн юм.
Банкны ажилтан	Биеийн байцаалтаа өгнө үү?
Билгүүн	Энд байна. Мобайл банк ашиглах гэсэн юм, энд бүртгүүлэхэд болох уу?
Банкны ажилтан	Тиймээ, энд өргөдөл гаргахад болно. Энэ тэмдгэлсэн хэсгийг бичээд өгөөрэй.
Билгүүн	Ойлголоо.

은행원	무엇을 도와 드릴까요?
마이클	환전을 하려고 합니다. 달러 환율이 어떻게 되나요?
은행원	잠시만요. 제가 화면을 보면서 말씀드리겠습니다. 1달러에 1,100원입니다.
마이클	많이 올랐네요. 100만원 환전해 주세요.
은행원	네, 알겠습니다. 여기 있습니다. 그리고 이건 저희 은행 환전 이벤트 사은품입니다. 여행 가실 때 사용하세요.
마이클	고맙습니다.

Орчуулга

Банкны ажилтан	Юугаар туслах вэ?
Майкл	Валют солиулах гэсэн юм. Долларын ханш хэд болох вэ?
Банкны ажилтан	Түр хүлээгээрэй. Би дэлгэц харангаа хэлье. 1 доллар нь 1,100 вон байна.
Майкл	Их өссөн байна ш дээ. 1,000,000 вон сольж өгнө үү.
Банкны ажилтан	За, ойлголоо. Энд байна. Мөн энэ нь манай банкаар валют солиулсан урамшууллын бэлэг юм. Аялах үедээ хэрэглээрэй.
Майкл	Баярлалаа.

✳ Гол үг хэллэгийг тогтоогоод үгийг орлуулан олон янзаар дасгал хийгээд үзээрэй.

> 무엇을 도와드릴까요?
> Юугаар туслах вэ?

> 통장을 만들려고 합니다.
> Дансны дэвтэр нээх гэсэн юм.

Банкны үйлчилгээ

입금하다 данс руу бэлэн мөнгө хийх	출금하다 данснаас бэлэн мөнгө гаргаж авах
돈을 부치다(송금하다) мөнгө шилжүүлэх	해외 송금 하다 валют шилжүүлэх
통장을 만들다 хадгаламжийн дэвтэр нээх	카드를 만들다 карт нээх
공과금을 내다 ашиглалтын зардал төлөх	환전하다 валют солиулах
적금을 들다 хадгаламж нээлгэх	대출을 받다 зээл авах

Олон улсын валют

원 вон	투그릭 төгрөг
엔 иен	유로 евро
달러 доллар	홍콩 달러 Хонконг доллар
위안 юан	파운드 паунд

Дүрэм | 문법

❶ –나요? уу/үү?

Үйл үг болон тэмдэг нэрэн дээр залган эсрэг талын хүнээсээ ямар нэгэн зүйлийг асуух үед хэрэглэгдэх дүрэм.

들어가도 되나요? Орж болох уу?

이 버스가 동대문으로 가나요? Энэ автобус Түндэмүн рүү явах уу?

오늘 환율이 어떻게 되나요? Өнөөдрийн ханш хэдтэй байна вэ?

이름을 썼나요? Нэрээ бичсэн үү?

사장님이 오셨나요? Захирал ирсэн үү?

❷ –는데 -ж/ч байна л даа тэгсэн чинь

Үйл үг болон 있다, 없다 дээр залган арын агуулгыг ярихын тулд тухайн зүйлтэй холбоотой нөхцөл байдлыг учирлан хэлж байгааг илэрхийлэх нөхцөл. Тэмдэг нэрэн дээр –은데 гэж залгагдана. ㄹ-ээс гадна дэвсгэр үсгээр төгссөн тэмдэг нэрэн дээр –은데, бусад дээр –ㄴ데 залгагдана.

Үйл үг	받침 ○	–는데	먹는데, 읽는데
	받침 ×, ㄹ 받침 (ㄹ 탈락)	–는데	가는데, 오는데 만드는데, 노는데
Тэмдэг нэр	받침 ○	–은데	좋은데, 싫은데, 작은데
	받침 ×, ㄹ 받침 (ㄹ 탈락)	–ㄴ데	예쁜데, 큰데, 깨끗한데 긴데, 먼데

밥을 먹는데 사장님한테 전화가 왔어요.
Хоол идэж байна л даа тэгсэн чинь захиралаас дуудлага ирсэн.

약속 장소에 가는데 길이 막힙니다.
Болзсон газар луугаа явж байна л даа зам түгжрэлтэй байна.

이 신발은 예쁜데 너무 비싸요. Энэ гутал хөөрхөн боловч их үнэтэй юм.

Өнгөрсөн цаг нь –았/었는데 гэж залгагдана.

버스를 탔는데 지갑이 없었어요. Автобусанд суусан чинь түрүүвч байхгүй байсан.

소풍을 갔는데 비가 왔어요. Зугаалгаар явсан чинь бороо орсон.

책을 읽었는데 재미가 없었어요. Ном уншсан чинь сонирхолгүй байсан.

❸ –(으)면서 -нгаа[4]

Хоёроос дээш үйлдэл буюу нөхцөл байдал хамт болох явдлыг илэрхийлдэг холбох нөхцөл.

받침 ○	–으면서	읽다 + 으면서 앉다 + 으면서	읽으면서 앉으면서
받침 ✕, ㄹ 받침	–면서	가다 + 면서 일하다 + 면서 살다 + 면서 만들다 + 면서	가면서 일하면서 살면서 만들면서

책을 읽으면서 밥을 먹어요. Ном уншингаа хоол идэж байна.

집에 가면서 친구를 만났어요. Гэртээ харингаа найзтайгаа уулзсан.

일하면서 음악을 들어요. Ажил хийнгээ хөгжим сонсож байна.

❹ –(으)ㄹ 때 -х үед, -ж/ч байхад

Үйл үг тэмдэг нэр, 이다/아니다 дээр залгагдан ямар нэгэн үйлдэл буюу нөхцөл байдал байнга үргэлжлэх хугацаа юмуу цагийг илэрхийлэх нөхцөл.

받침 ○	–을 때	먹다 읽다 좋다 많다	먹을 때 읽을 때 좋을 때 많을 때
받침 ✕, ㄹ 받침 (ㄹ 탈락)	–ㄹ 때	가다 오다 바쁘다 살다	갈 때 올 때 바쁠 때 살 때

집에 갈 때 전화 좀 줘요. Гэртээ харих үедээ яриарай.

올 때 아이스크림 좀 사 와요. Ирэх үедээ зайрмаг аваад ирээрэй.

바쁠 때 가끔 점심을 못 먹어요. Завгүй үедээ заримдаа өдрийн хоол идэж чаддаггүй.

저는 기분이 좋을 때 신나는 노래를 들어요.
Би сэтгэл санаа сайхан байх үедээ цоглог дуу сонсдог.

1 Харилцан яриаг сонсоод асуултанд хариулна уу.

🎧 14-4

(1) Банканд юу хийж байгааг сонгоно уу.

① Валют сольж байна.

② Карт нээлгэж байна.

③ Хадгаламжийн дэвтэр нээлгэж байна.

(2) Сар бүр хадгаламжийн мөнгө хэд гэдгийг сонгоно уу.

① 1,000,000 вон

② 100,000 вон

③ 150,000 вон

2 Харилцан яриаг сонсоод агуулгатай адилхан бол ◯, адилхан биш байвал × гэж тэмдэглэнэ үү.

🎧 14-5

(1) Эрэгтэй нь дотоодод мөнгө явуулах гэж байна. (   )

(2) Мөнгө гуйвуулахад бичиг баримт хэрэгтэй. (   )

(3) Биеийн байцаалт иргэний үнэмлэх л байхад болно. (   )

(4) Хураамж 15%. (   )

Бичих дасгал | 쓰기 연습

1 Жишээтэй адилаар өгөгдсөн үгийг тохирох нөхцөлөөр холбож өгүүлбэр болгож бичнэ үү.

텔레비전을 보다, 밥을 먹다 → 텔레비전을 보면서 밥을 먹어요.

(1) 걷다, 전화를 하다

_____

(2) 일하다, 음악을 듣다

_____

(3) 여행하다, 사진을 찍다

_____

(4) 밥을 먹다, 이야기를 하다

_____

(5) 통장을 만들다, 카드를 만들다

_____

2 Жишээтэй адилаар өгөгдсөн үгээр өгүүлбэрийг дүрмийн дагуу гүйцээж бичнэ үү.

집에 왔는데 아무도 없었어요. (오다)

(1) 밥을 _____ 또 배가 고파요. (먹다)

(2) 날씨가 _____ 집에만 있었어요. (좋다)

(3) 책을 _____ 이해가 잘 안 돼요. (읽다)

(4) 배가 _____ 바빠서 밥을 못 먹었어요. (고프다)

(5) 어렸을 때는 키가 _____ 지금은 작아요. (크다)

Уншиx дасгал | 읽기 연습

✱ Дараахыг уншаад агуулгатай адил бол ○, адилхан биш байвал × гэж тэмдэглэнэ үү.

푸른은행 **희망 적금 안내**

이율
연 3.5%

저축 기간 **24**개월
월 최대 **100**만원

※ 적금 가입 시 사은품을 드립니다.

(1) 일년에 100만원을 저금할 수 있다. (   )

(2) 1년 동안 이자가 3.5%이다. (   )

(3) 저축 기간이 1년이다. (   )

(4) 적금을 들면 사은품을 증정한다. (   )

★ 거센소리되기 (2)

🎧 14-6

Энэ удаад ㅎ нь дэвсгэр үсгийн дуудлага [ㄱ], [ㄷ], [ㅂ], [ㅈ]-гийн араас орох дуудлагуудыг сурцгаая.

Дэвсгэр үсгийн дуудлага [ㄱ], [ㄷ], [ㅂ], [ㅈ] нь эхэлж байгаа ㅎ-тэй уулзвал, дэвсгэр үсгийн дуудлага [ㄱ], [ㄷ], [ㅂ], [ㅈ] нь эхний дуудлага руу шилжин, эхэлж байгаа ㅎ-тэй уулзан тус тус [ㅋ], [ㅌ], [ㅍ], [ㅊ]-гээр дуудагдана.

- [ㄱ] + ㅎ → [ㅋ]

  백화점 [배콰점]   막히다 [마키다]

  읽히다 [일키다]   악화되다 [아콰되다]

- [ㄷ] + ㅎ → [ㅌ]

  따뜻해요 [따뜨태요]   흐릿하다 [흐리타다]
  받침소리 [ㄷ]   받침소리 [ㄷ]

- [ㅂ] + ㅎ → [ㅍ]

  잡히다 [자피다]   꼽히다 [꼬피다]

  넓히다 [널피다]   복잡하다 [복짜파다]

- [ㅈ] + ㅎ → [ㅊ]

  맞히다 [마치다]   젖히다 [저치다]

  앉히다 [안치다]   얹히다 [언치다]

Солонгосын банк

Солонгост олон төрлийн банк санхүүгийн байгуулага байдаг бөгөөд энэхүү банкууд нь хадгаламж нээлгэх, мөнгөн гуйвуулга хийх, валют солиулах зээл авах үйлчилгээг явуулдаг. Солонгос банкны иргэдэд үйлчлэх цаг нь өглөө 9 цагаас үдээс хойш 4 цаг хүртэл байдаг.

Мөн банкнаас аялагчдын чекийг бэлэн мөнгөөр солиулах үйлчилгээ байдаг бөгөөд энэхүү үйлчилгээг авахын тулд зайлшгүй гадаад пассрорт болон биеийн байцаалтаа авч очих ёстой. 1 удаад 10,000 ам.доллараас дээш солиулах бол татварын газар зайлшгүй мэдэгдэх ёстой байдаг.

Харин Солонгос улсад 30 хоногоос дээш оршин суух эрхтэй бол өөрийн нэр дээр данс нээлгэх, валют солиулах олон улсын гүйлгээ хийх боломжтой байдаг. Данс нээлгэхдээ өөрийн оршин суугаа хаяг болон албан байгууллагын ойролцоох банкан дээр өөрийн биеэр очиж биеийн байцаалт болон ажлын газрын тодорхойлолт(сургуулийн тодорхойлолт) авч очин хувийн данс болон карт нээлгэх боломжтой. Зээлийн карт нь визний ангилал болон хөдөлмөр эрхэлдэг эсэхээс хамааран хязгаартай байдаг. Мөн интернет банк болон мобайл банкийг банк дээр өөрийн биеэр очиж бүртгүүлэх хүсэлт гаргах хэрэгтэй байдаг.

Солонгосын банк

Ажил хайх

구직

Хичээлийн зорилго

- Ярилцлага өгөх үед хэрэглэгдэх үг хэллэгийг тогтооно.

Гол дүрэм

- –는/(으)ㄴ/(으)ㄹ -ж/ч байгаа, -сан[4], -х гэж байгаа/-х
- –(으)ㄴ 지 ~ 되다 -аад[4] ~ болох
- –(으)ㄴ 적이 있다/없다 -сан[4] удаатай/удаагүй
- –는/(으)ㄴ/(으)ㄹ 것 같다 -ж/ч байгаа, -сан[4], -х юм шиг байна
- –았/었으면 좋겠다 -сан[4] бол сайхан байна   • 보다 (더) -аас[4] илүү

Соёлын хичээл

- Солонгост ажилд орох

Бичлэгийг сонсоод чанга дуугаар дагаж уншаад бичих дасгал хийгээд үзээрэй.

🎧 15-1

구인 광고 ажилд авах зар	결정되다 шийдвэр гаргах	연락하다 холбоо барих

면접 ярилцлага	떨리다 сандрах	지원하다 хүсэлт гаргах

부서 салбар	영업부 үйл ажиллагааны хэлтэс	열심히 хичээнгүйлэн

준비하다 бэлдэх	꼭 заавал	합격하다 тэнцэх

시원하다 сэрүүхэн	크다 том	빠르다 хурдан

🎤 Доорх зурагт таарсан үгийг хүснэгтнээс сонгон бичээрэй.

시원하다	면접	크다
구인 광고	합격하다	떨리다

①

_____

②

_____

③

_____

④

_____

⑤

_____

⑥

_____

정답 --- ① 면접 ② 시원하다 ③ 합격하다 ④ 구인 광고 ⑤ 떨리다 ⑥ 크다

15-2

빌궁	안녕하세요. 구인 광고를 보고 왔습니다.
사장	아 그러세요? 레스토랑에서 일해 본 적이 있으세요?
빌궁	네, 있습니다.
사장	어떤 일을 해 보셨어요?
빌궁	서빙을 해 봤습니다.
사장	일한 지는 얼마나 되셨어요?
빌궁	일한 지 2년 되었습니다.
사장	언제부터 일할 수 있으세요?
빌궁	다음 주부터 바로 일할 수 있습니다.
사장	알겠습니다. 결정이 되면 연락드리겠습니다.
빌궁	알겠습니다. 감사합니다.

Орчуулга

Билгүүн	Сайн байна уу, ажлын зар хараад ирлээ.
Захирал	Аан тийм үү? Ресторанд ажил хийж үзсэн удаатай юу?
Билгүүн	Тиймээ, байгаа.
Захирал	Ямар ажил хийж үзсэн бэ?
Билгүүн	Зөөгч хийж үзсэн.
Захирал	Ажил хийгээд хэр удсан бэ?
Билгүүн	Ажил хийгээд 2 жил болсон.
Захирал	Хэзээнээс эхлээд ажиллаж чадах вэ?
Билгүүн	Дараа долоо хоногоос шууд ажиллаж чадна.
Захирал	Ойлголоо. Шийдвэр гарвал холбоо баръя.
Билгүүн	Ойлголоо. Баярлалаа.

마이클	사라 씨 지난주에 본 면접은 어땠어요?
사라	떨려서 잘 못 본 것 같아요.
마이클	다른 회사에 더 지원했어요?
사라	네, 한 군데 더 지원했어요.
마이클	어느 부서에 지원했어요?
사라	영업부에 지원했어요. 이번 면접은 지난번 면접보다 더 열심히 준비할 거예요.
마이클	이번에는 꼭 합격했으면 좋겠네요.

Орчуулга

Майкл	Сараа өнгөрсөн долоо хоногт өгсөн ярилцлага ямар байсан бэ?
Сараа	Сандраад сайн өгч чадаагүй юм шиг байна.
Майкл	Өөр компанид дахиад бүртгүүлсэн үү?
Сараа	Тиймээ, нэг газар дахиад бүртгүүлсэн.
Майкл	Аль хэлтэст бүртгүүлсэн бэ?
Сараа	Үйл ажиллагааны хэлтэст бүртгүүлсэн. Энэ удаагийн ярилцлагаа өнгөрсөн ярилцлаганаас илүү сайн бэлдэнэ ээ.
Майкл	Энэ удаад заавал тэнцвэл сайн байна.

✽ Гол үг хэллэгийг тогтоогоод үгийг орлуулан олон янзаар дасгал хийгээд үзээрэй.

어떤 일을 해 보셨어요?
Ямар ажил хийж үзсэн бэ?

서빙을 해 봤습니다.
Зөөгч хийж үзсэн.

Ажил хэрэг

통역 аман орчуулга	번역 бичгийн орчуулга
사무 보조 оффисийн туслах	서빙 зөөгч
매장 관리 агуулах хянах	물건 판매 бүтээгдэхүүн худалдаалах
텔레마케팅 телемаркетинг	배달 хүргэлт

어느 부서에 지원했어요?
Аль хэлтэст өргөдөл гаргасан бэ?

영업부에 지원했어요.
Борлуулалтын хэлтэст
өргөдөл гаргасан.

Хэлтэс

기획부 төлөвлөлтийн хэлтэс	비서실 нарын бичгийн алба
인사부 хүний нөөцийн алба	영업부 борлуулалтын хэлтэс
총무부 төв хэлтэс	회계부 санхүүгийн хэлтэс
경영지원부(관리부) удирдлагын хэлтэс	마케팅부 маркетингийн хэлтэс
홍보부 сурталчилгааны алба	생산부 үйлдвэрлэлийн хэлтэс

❶ –는/(으)ㄴ/(으)ㄹ -ж/ч байгаа, -сан⁴, -х гэж байгаа/-х

① –는 -ж/ч байгаа

Яг одоо үргэлжилж байгаа үйлдлийг илэрхийлдэг одоо цагийн холбох нөхцөл.

가는 곳　явж байгаа газар

읽는 책　уншиж байгаа ном

먹는 음식　идэж байгаа хоол

보는 영화　үзэж байгаа кино

② –(으)ㄴ -сан⁴

Болоод өнгөрсөн үйл хөдлөлийг илэрхийлдэг өнгөрсөн цагийн холбох нөхцөл. 받침 байвал 은, 받침 байхгүй бол ㄴ залгагдана. ㄹ 받침 нь ㄹ гээгдээд ㄴ залгагдана.

간 곳　явсан газар

읽은 책　уншсан ном

먹은 음식　идсэн хоол

본 영화　үзсэн кино

③ –(으)ㄹ -х гэж байгаа/-х

Ирээдүйд болох үйлдлийн таамаглал, төлөвлөгөө, боломж гэх мэтийг илэрхийлэх ирээдүй цагийн холбох нөхцөл. 받침 байвал 을, 받침 байхгүй бол ㄹ залгагдана.

갈 곳　явах газар

읽을 책　унших ном

먹을 음식　идэх хоол

볼 영화　үзэх кино

❷ –(으)ㄴ 지 ~ 되다 -аад⁴ ~ болох

Үйл үгэн дээр залгагдан ямар нэгэн үйл явц болж тодорхой хугацаа өнгөрсөнийг илэрхийлэхэд хэрэглэх дүрэм.

받침 ○	–은 지	먹다 + 은 지 읽다 + 은 지	먹은 지 읽은 지
받침 ✕, ㄹ 받침 (ㄹ 탈락)	–ㄴ 지	배우다 + ㄴ 지 일하다 + ㄴ 지 살다 + ㄴ 지	배운 지 일한 지 산 지

한국에서 일한 지 3년 됐어요.　Солонгост ажил хийгээд 3 жил болсон.

밥을 먹은 지 1시간 됐어요.　Хоол идээд нэг цаг болсон.

❸ –(으)ㄴ 적이 있다/없다 -сан⁴ удаатай/удаагүй

Үйл үгэн дээр залгагдан өмнөх туршлага болон өнгөрсөнөө дурсах тохиолдолд хэрэглэгддэг үг хэллэг. –(으)ㄴ нь дээрх нөхцөлтэй адилхан хувирна.

이 책을 읽은 적이 있어요. Энэ номыг уншсан удаатай.

여기에 온 적이 없어요. Энд ирсэн удаагүй.

❹ –는/(으)ㄴ/(으)ㄹ 것 같다 -ж/ч байгаа, -сан⁴, -х юм шиг байна

Үйл үг болон тэмдэг нэр, 이다, 아니다 дээр нь залгагдан ямар нэгэн зүйлийг таамаглаж байх үед хэрэглэгдэх нөхцөл.

지금 밖에 비가 오는 것 같아요. Одоо гадаа бороо орж байгаа юм шиг байна.

이 옷은 클 것 같아요. Энэ хувцас томдох юм шиг байна.

그 사람은 선생님인 것 같아요. Тэр хүн багш юм шиг байна.

❺ –았/었으면 좋겠다 -сан⁴ бол сайхан байна

Үйл үг болон тэмдэг нэр, 이다, 아니다 дээр залгагдан бодит үнэн болон өөр үнэнийг таамаглан илэрхийлэх холбох нөхцөл. Бодитоор яг тийм болохыг хүссэн агуулгыг илэрхийлнэ.

ㅏ, ㅗ	–았으면 좋겠다	가다 + 았으면 좋겠다 오다 + 았으면 좋겠다	갔으면 좋겠다 왔으면 좋겠다
ㅏ, ㅗ 이외	–었으면 좋겠다	먹다 + 었으면 좋겠다 쉬다 + 었으면 좋겠다	먹었으면 좋겠다 쉬었으면 좋겠다
–하다	–했으면 좋겠다	시원하다 일하다	시원했으면 좋겠다 일했으면 좋겠다

❻ 보다 (더) -аас⁴ илүү

Нэр үгэн дээр залгагдан ямар нэгэн зүйлийг харьцуулах үед хэрэглэгдэх дүрэм. 더 гэсэн үг заавал бичихгүй ч байсан болно.

친구가 나보다 공부를 잘해요. Найз надаас илүү хичээлээ сайн хийдэг.

지하철이 버스보다 더 빨라요. Метро автобуснаас хурдан.

1 Дараахыг сонсоод тохирох үгсийг хооронд нь холбож зурна уу.

🎧 15-4

(1) Билгүүн •	• Солонгос хэл сурах •	• 1 жил
(2) Сараа •	• Солонгост ирэх •	• нэг долоо хоног
(3) Майкл •	• Ажил хийх •	• 2 жил
(4) Сүжи •	• Ажилд орох •	• 6 сар

2 Дараахыг сонсоод агуулгатай адилхан бол ○, адилхан биш байвал ✕ гэж тэмдэглэнэ үү.

🎧 15-5

(1) Эрэгтэй нь 24 цагийн дэлгүүр лүү юм авахаар явсан. (　　)

(2) Эрэгтэй нь ажил хийгээд долоо хоносон. (　　)

(3) Эрэгтэй нь кафед ажилласан удаатай. (　　)

(4) Эрэгтэй нь ажиллангаа Солонгос хэлний хичээлээ хийдэг. (　　)

1 Жишээтэй адилаар өгүүлбэрийг гүйцээж бичнэ үү.

> 배가 고파서 빨리 밥을 <u>먹었으면 좋겠어요</u>. (먹다)

(1) 한국어를 _____. (잘하다)

(2) 주말에 날씨가 _____. (좋다)

(3) 내일 경기에서 _____. (이기다)

(4) 도서관에서 책을 _____. (읽다)

(5) 너무 힘들어서 내일 _____. (쉬다)

2 Жишээтэй адилаар өгүүлбэрийг гүйцээж бичнэ үү.

> 비가 <u>온 것 같아요</u>. (오다)

(1) 옷이 _____. (크다)

(2) 날씨가 _____. (좋다)

(3) 버스를 _____. (놓치다)

(4) 엄마가 _____. (화나다)

(5) 시험을 잘 _____. (보다)

✳ Дараахыг уншаад агуулгатай адил бол ○, адилхан биш байвал ✕ гэж тэмдэглэнэ үү.

직원을 구합니다

- 근무 시간
  - 주간: 09:00 ~18:00
  - 야간: 23:00 ~ 06:00
- 근무 요일: 월요일~금요일(주 5일)
- 급여: 면접 후 결정
- 연령: 20 ~ 30세

※ 경력자 우대/초보자 가능

서울시 강남구 AB 편의점
문의: 010 – 1234 – 5678

(1) 이 편의점은 일할 사람을 구하고 있다. (　　　)

(2) 20세부터 39세까지 일할 수 있다. (　　　)

(3) 급여는 면접 후 결정한다. (　　　)

(4) 초보자는 지원할 수 없다. (　　　)

* ㄴ 첨가 (1)

🎧 15-6

Дэвсгэр үсэг [ㄱ, ㄴ, ㄷ, ㅁ, ㅂ, ㅇ] нь эгшиг [이, 야, 여, 요, 유]-тай уулзвал ㄴ үсэг нэмэгдээд [니, 냐, 녀, 뇨, 뉴]-ээр дуудагдана.

맨입 [맨닙]

담요 [담뇨]

논일 [논닐]

솜이불 [솜니불]

한여름 [한녀름]

식용유 [시굥뉴]

신도림역 [신도림녁]

● ㄴ нэмэгдэх + хамрын авиа *10-р хичээлээс харах

막일 [막닐→망닐]

헛일 [헏일→헏닐→헌닐]

꽃잎 [꼳입→꼳닙→꼰닙]

색연필 [색년필→생년필]

수업용 [수업뇽→수엄뇽]

장식용 [장식뇽→장싱뇽]

※ Энэ үед хамаарахгүй

금융: [금늉] (○), [그뮹] (○) – хоёулаа зөвшөөрөгдөнө

검열: [검녈] (○), [거멸] (○) – хоёулаа зөвшөөрөгдөнө

목요일: [모교일] (○), [몽뇨일] (×)

금요일: [그묘일] (○), [금뇨일] (×)

Солонгост ажилд орох

Солонгос улсад ажлын байрыг харахдаа ажилд зуучилдаг оффис болон онлайн сайтаас хайж олох боломжтой байдаг. Ажилд зуучилдаг оффисийн хувьд гэрээ хийгээд цагийн ажилд зуучлах бүртээ хураамж авдаг. Онлайн ажилд зуучилдаг вэб сайтын хувьд хувийн мэдээллээрээ бүртгүүлэн өөрийн танилцуулга ажлын туршлага, чадвараа багтаасан CV- гээ хадгалаад өөрийн хүссэн байгууллагууд руу хадгалагдсан файлаа явуулах боломжтой байдаг. Мөн Солонгосын алдартай группд ажилд орохыг хүсвэл доорх сайтууд дээр ажлын байрны заруд гардаг тул ороод шалгуурыг нь харах боломжтой. Солонгосчуудын хамгийн түгээмэл ашигладаг ажлын байрны сайт нь 사람인(Сарам Ин), 잡코리아(Жаб Кореа), 벼룩시장 (Пёруг Шижан), 알바천국(Алба Чонгүг) гэх мэт сайтууд их байдаг.

Солонгос улсад жижиг дунд үйлдвэрийг дэмжсэн бодлого болон ажлын байрны бололцоо илүү байдаг. Ялангуяа Солонгос улс нь үндэсний брендийг гадаад улс руу экспортлодог улс болсноос хойш гадаадаас ажилчдыг урин авчирч ажилуулдаг болоод удаж байна. Тиймээс Солонгостой ойролцоо байрладаг Азийн орнуудаас гадаад ажилчид ихээхэн зорьдог орны нэг болсон. Мөн гадаад оюутнууд цагийн ажил эрхлэх боломжтой бөгөөд цагаар ажиллах хүсэлтээ иммигрэйшнд мэдэгдвэл оюутны ангилалаас хамаарч долоо хоногт 10 цагаас эхлүүлээд 30 цаг хүртэл цагийн ажил хийх зөвшөөрөл авч болдог.

┃ Сарам Ин

┃ Пёруг Шижан

┃ Алба Чонгүг

Улсаар нэвтрэх, оршин суух

출입국, 체류

Хичээлийн зорилго

- Хилээр орох гарах юмуу оршин суухтай холбоотой хэрэгтэй үг хэллэгийг ашиглаж сурна.

Гол дүрэм

- –(으)러 가다/오다 -хаар[4] явах/ирэх • –(으)려면 -ъя/ъё/ье гэвэл
- –고 나서 -сэний[2] дараа • –(으)니까 учраас, болохоор
- –아/어야 되다 -х ёстой

Соёлын хичээл

- Иммигрэйшний үйлчилгээ

🎧 Бичлэгийг сонсоод чанга дуугаар дагаж уншаад бичих дасгал хийгээд үзээрэй.

🎧 16-1

여권 гадаад пасспорт	**보여주다** харуулах	**관광하다** аялах
머물다 хоноглох	**연장** сунгах	**수수료** хураамж
납부하다 төлөх	**깨끗하다** цэвэрхэн	**닦다** арчих
세제 угаалгын нунтаг	**졸업하다** төгсөх	**숙제하다** даалгавар хийх
게임하다 тоглох	**밥** хоол, будаа	**편하다** тав тухтай

[🔊] Доорх зурагт таарсан үгийг хүснэгтнээс сонгон бичээрэй.

여권	세제	밥
졸업하다	게임하다	닦다

①

_____

②

_____

③

_____

④

_____

⑤

_____

⑥

_____

정답 --- ① 세제 ② 졸업하다 ③ 닦다 ④ 여권 ⑤ 밥 ⑥ 게임하다

🎧 16-2

출입국 직원	안녕하세요. 여권을 보여주십시오.
마이클	네, 여기 있습니다.
출입국 직원	한국에 무슨 일로 오셨습니까?
마이클	관광하러 왔습니다.
출입국 직원	한국에 얼마 동안 머무실 예정이신가요?
마이클	5일 동안 머물 겁니다.
출입국 직원	어디서 머무십니까?
마이클	동대문 라마다 호텔에서 머물 겁니다.
출입국 직원	네, 여권 여기 있습니다. 즐거운 여행 하세요.

Орчуулга

Ажилтан	Сайн байна уу? Пасспортаа үзүүлнэ үү.
Майкл	За энд байна.
Ажилтан	Солонгост ямар хэргээр ирсэн бэ?
Майкл	Аялахаар ирсэн.
Ажилтан	Солонгост хэр удах төлөвтэй байна?
Майкл	5 өдөр болно.
Ажилтан	Хаана буудаллах вэ?
Майкл	Түндэмүн Рамада буудалд бууна.
Ажилтан	За, энд таны гадаад пасспорт байна. Сайхан аялаарай.

직원	안녕하세요. 어떻게 오셨습니까?
빌궁	비자 연장을 신청하려면 어떻게 해야 되나요?
직원	이 신청서를 작성하세요. 신분증을 가지고 오셨나요?
빌궁	네 여기 있습니다.
직원	저쪽에서 수수료를 납부하시고 나서 다시 오시겠습니까?
빌궁	네, 알겠습니다.

(납부 후)

직원	2주 정도 걸리니까 그 후에 오셔서 찾아 가시면 됩니다.
빌궁	감사합니다.

Орчуулга

Ажилтан	Сайн байна уу? Ямар хэргээр ирсэн бэ?
Билгүүн	Визээ сунгуулья гэвэл яах ёстой вэ?
Ажилтан	Энэ өргөдлийг бөглөөрэй. Биеийн байцаалтаа авчирсан уу?
Билгүүн	Тиймээ энд байна.
Ажилтан	Тэнд хураамжаа төлсөний дараа дахиад ирэх үү?
Билгүүн	За, ойлголоо.

(төлсөний дараа)

Ажилтан	2 долоо хоног зарцуулагдах учраас тэрний дараа ирээд аваад явахад болно.
Билгүүн	Баярлалаа.

Харилцан ярианы дасгал | 회화 연습

✱ Гол үг хэллэгийг тогтоогоод үгийг орлуулан олон янзаар дасгал хийгээд үзээрэй.

한국에 무슨 일로 오셨습니까?
Солонгост ямар хэргээр ирсэн бэ?

관광하러 왔습니다.
Аялахаар ирсэн.

Хилээр нэвтрэх зорилго

유학하다 суралцах	사업하다 бизнес эрхлэх
미팅하다 бизнес уулзалт хийх	세미나에 참석하다 семинарт оролцох
출장하다 томилолт	어학연수하다 хэлний бэлтгэлд суралцах
취업하다 ажилд орох	관광하다 аялах
진료 받다 эмчилгээ авах	가족을 만나다 гэр бүлтэйгээ уулзах

Визтэй холбогдох ажил

비자를 신청하다 виз мэдүүлэх	비자 연장을 신청하다 виз сунгуулах бүртгэл хийлгэх
외국인등록을 신청하다 гадаад иргэний бүртгэл хийлгэх	외국인등록증을 발급받다 гадаад үнэмлэхээ авах
○○을 재발급받다 ○○ ыг дахин авах	주소 변경 신고를 하다 хаягийн өөрчлөлтийн мэдүүлэг хийх
체류 기간을 연장하다 визний хугацаа сунгуулах	체류 자격을 변경하다 визний ангилал солиулах
영주권을 신청하다 байнгын оршин суух хүсэлт гаргах	귀화 신청을 하다 иргэншил солиулах хүсэлт гаргах

❶ –(으)러 가다/오다 -хаар⁴ явах/ирэх

Үйл үгэн дээр залгагдан явах буюу ирэх үйлдлийн зорилгыг илэрхийлнэ.

받침 ○	–으러	먹다 + 으러 읽다 + 으러	먹으러 읽으러
받침 ×, ㄹ 받침	–러	보다 + 러 일하다 + 러 살다 + 러	보러 일하러 살러

지금 밥을 먹으러 가요. Одоо хоол идэхээр явж байна.

영화를 보러 가요. Кино үзэхээр явж байна.

❷ –(으)려면 -ъя/ъё/ье гэвэл

Үйл үгэн дээр залгагдан ямар нэгэн санаа зорилготойгоор хийх гэж байгаа үйлдэл байна гэж тооцсон тохиолдолд хэрэглэгдэх холбох нөхцөл.

받침 ○	–으려면	먹다 + 으려면 읽다 + 으려면 닦다 + 으려면	먹으려면 읽으려면 닦으려면
받침 ×, ㄹ 받침	–려면	가다 + 려면 끝내다 + 려면 시작하다 + 려면 살다 + 려면	가려면 끝내려면 시작하려면 살려면

깨끗하게 닦으려면 세제가 필요해요.
Цэвэрхэн арчъя гэвэл угаалгын нунтаг хэрэгтэй.

공항에 가려면 공항버스를 타세요.
Онгоцны буудал явъя гэвэл онгоцны буудал явдаг автобусанд суугаарай.

❸ –고 나서 -сэний² дараа

Үйл үгэн дээр залгагдан өгүүлбэрийн урд орж байгаа үйлдэл ард ирж буй үйл хөдлөлөөс өмнө нь байх ба тэр үйлдэл дуусч буйг илэрхийлэх нөхцөл.

밥을 먹고 나서 운동을 했어요. Хоол идсэний дараа дасгал хийсэн.

숙제를 하고 나서 게임을 했어요. Даалгавараа хийсэний дараа тоглоом тоглосон.

❹ –(으)니까 учраас, болохоор

Үйл үг болон тэмдэг нэр, 이다, 아니다 дээр залгагдан ард ирж байгаа агуулга өмнөх үгийн учир шалтгаан болон үндэслэл суурь болохыг илэрхийлэх холбох нөхцөл.

받침 ○	–으니까	먹다 + 으니까 읽다 + 으니까 앉다 + 으니까 많다 + 으니까	먹으니까 읽으니까 앉으니까 많으니까
받침 ×, ㄹ 받침 (ㄹ 탈락)	–니까	끝나다 + 니까 바쁘다 + 니까 시작하다 + 니까 알다 + 니까	끝나니까 바쁘니까 시작하니까 아니까

시험이 끝나니까 마음이 편해요. Шалгалт дууссан болохоор сэтгэл тайван байна.

졸업하니까 정말 좋네요. Төгссөн чинь үнэхээр гоё байна шүү.

❺ –아/어야 되다 -х ёстой

Үйл үг болон тэмдэг нэрэн дээр залгагдан зайлшгүй хийх хэрэгтэй буюу үүрэгтэй болохыг илэрхийлэх үг хэллэг. Үйл үг болон тэмдэг нэрийн үгийн үндсийн сүүлийн эгшиг ㅏ, ㅗ байвал –아야 되다, бусад эгшиг байвал –어야 되다, –하다 нь –해야 되다 болно.

ㅏ, ㅗ	–아야 되다	가다 + 아야 되다 오다 + 아야 되다 바쁘다 + 아야 되다	가야 되다 와야 되다 바빠야 되다
ㅏ, ㅗ 이외	–어야 되다	먹다 + 어야 되다 배우다 + 어야 되다 크다 + 어야 되다	먹어야 되다 배워야 되다 커야 되다
–하다	–해야 되다	일하다 운동하다	일해야 되다 운동해야 되다

일해야 돼요. Ажил хийх ёстой.

운동해야 돼요. Дасгал хийх ёстой.

Сонсох дасгал | 듣기 연습

1 Харилцан яриаг сонсоод асуултанд хариулна уу.

🎧 16-4

(1) Эрэгтэй энэ газарт ирсэн шалтгааныг бичнэ үү.

_____

(2) Хураамж нь хэд вэ гэдгийг бичнэ үү.

_____

(3) Эрэгтэйгийн хүсэлтийн зөвшөөрөл хэзээ гарахыг бичнэ үү.

_____

2 Харилцан яриаг сонсоод агуулгатай адилхан бол ○, адилхан биш байвал × гэж тэмдэглэнэ үү.

🎧 16-5

(1) Эрэгтэйд пасспорт байгаа. (   )

(2) Эрэгтэй нь аялахаар ирсэн. (   )

(3) Эрэгтэйд гадаад иргэний үнэмлэх байгаа. (   )

(4) Хилээр орж ирсэний дараа гадаад иргэний үнэмлэх шууд авах хэрэгтэй. (   )

250   The 바른 한국어 첫걸음

Бичих дасгал | 쓰기 연습

1 Жишээтэй адилаар өгүүлбэрийг гүйцээж бичнэ үү.

> **Жишээ**
>
> 비가 <u>오니까</u> 우산을 가져 가세요. (오다)

(1) 키가 _____ 좋겠어요. (크다)

(2) 머리가 _____ 약을 먹어요. (아프다)

(3) 날씨가 _____ 소풍을 가요. (좋다)

(4) 바지가 _____ 교환해 주세요. (작다)

(5) 시험이 _____ 공부를 많이 해요. (어렵다)

2 Жишээтэй адилаар өгүүлбэрийг гүйцээж бичнэ үү.

> **Жишээ**
>
> 지금 <u>가야 돼요.</u> (가다)

(1) 오늘은 일찍 _____. (출근하다)

(2) 한국어 시험을 _____. (준비하다)

(3) 하루에 2번 약을 _____. (먹다)

(4) 면접이 있어서 정장을 _____. (입다)

(5) 내일 시험이어서 _____. (공부하다)

✳ Дараахыг уншаад асуултанд хариулаарай.

통합신청서 (신고서)
APPLICATION FORM (REPORT FORM)

☐ 업무선택 SELECT APPLICATION

[ ] 외국인 등록 FOREIGN RESIDENT REGISTRATION	[ ] 체류자격외 활동허가 (희망 자격 :) ENGAGE IN ACTIVITIES NOT COVERED BY THE STATUS OF SOJOURN / Status to apply for ( )	
[ ] 등록증 재발급 REISSUANCE OF REGISTRATION CARD	[ ] 근무처변경 · 추가허가 / 신고 CHANGE OR ADDITION OF WORKPLACE	
[✓] 체류기간 연장허가 EXTENSION OF SOJOURN PERIOD	[ ] 재입국허가 (단수, 복수) REENTRY PERMIT (SINGLE, MULTIPLE)	
[ ] 체류자격 변경허가 (희망 자격 :) CHANGE OF STATUS OF SOJOURN / Status to apply for ( )	[ ] 체류지 변경신고 ALTERATION OF RESIDENCE	
[ ] 체류자격 부여 (희망 자격 :) GRANTING STATUS OF SOJOURN / Status to apply for ( )	[ ] 등록사항 변경신고 CHANGE OF INFORMATION ON FOREIGN RESIDENT REGISTRATION	

성 명 Name In Full	성 Surname	명 Given names	漢字姓名
	SUKHBAT	BILGUUN	

생년월일 Date of Birth	년 yy	월 mm	일 dd	성 별 Sex	[✓]남 M [ ]여 F	국 적 Nationality/ Others	몽골
	1993	07	07				

외국인등록번호 Foreign Resident Registration No. (If any)							

여권 번호 Passport No.	SHK93070	여권 발급일자 Passport Issue Date	2019.05.02	여권 유효기간 Passport Expiry Date	2024.05.01

대한민국 내 주소 Address In Korea	경기도 안산시 단원구 구부로 78

전화 번호 Telephone No.		휴대 전화 Cell phone No.	010-1234-5678

(1) Билгүүн юунд бүртгүүлсэнийг бичнэ үү.

_____

(2) Билгүүн хаана амьдардгийг бичнэ үү.

_____

(3) Билгүүн аль орноос ирсэнийг бичнэ үү.

_____

✱ ㄴ 첨가 (2)

🎧 16-6

Дэвсгэр үсэг ㄹ нь эгшиг [이, 야, 여, 요, 유]-тэй уулзвал эгшиг дээр ㄴ үсэг нэмэгдээд [니, 냐, 녀, 뇨, 뉴]-ээр солигдоод, ㄴ нь ㄹ үсэг болон [리, 랴, 려, 료, 류]-ээр дуудагдана. ✱ 9-р хичээлээс харах

알약 [알냑→알략]

물약 [물냑→물략]
솔잎 [솔입→솔닙→솔립]
할 일 [할닐→할릴]
서울역 [서울녁→서울력]

물엿 [물녇→물렫]
풀잎 [풀입→풀닙→풀립]
휘발유 [휘발뉴→휘발류]
열여덟 [열녀덜→열려덜]

※ Энэ үед хамаарахгүй

절약: [저략] (○), [절략] (×)

일요일: [이료일] (○), [일료일] (×)

월요일: [워료일] (○), [월료일] (×)

송별연: [송벼련] (○), [송별련] (×)

Иммигрэйшний үйлчилгээ

출입국 외국인청(사무소) Гадаадын иргэн харъяатын газар /Иммигрэйшн/ нь БНСУ-д хилээр нэвтрэн орж гарч байгаа хүмүүсийн асуудлаар Солонгост оршин суух цагаачлал болон гадаадын оршин суугчдын байнгын оршин суух, харъяалал, визтэй холбогдолтой асуудлыг зохицуулдаг төрийн байгууллага юм.

출입국 외국인청(사무소) Гадаадын иргэн харъяатын газар /Иммигрэйшн/ нь Солонгос улсад нийтдээ 19-н газарт байрладаг бөгөөд харъяа дүүргийнхээ хамрагдах газарт интернетээр урьдчилан цаг авч үйлчлүүлэх боломжтой байдаг. Харин гадаад иргэний үнэмлэх авахдаа цаг авахгүй байсан ч болно.

방문 예약 Урьдчилан цаг авах үйлчилгээг авахын өмнө гадаад иргэдэд иммигрэйшний үйлчилгээг хүргэдэг албан ёсны сайт болох HIKOREA(www.hikorea.go.kr) сайтад бүртгүүлэн цаг авах боломжтой. Мөн энэхүү сайтаас урьдчилан цаг авахаас гадна 전자민원 цахимаар хүсэлт гаргах боломжтой. Энэхүү хүсэлтийг гаргасаны дараах шалгуурын явцыг бүгд шалгах боломжтой бөгөөд цахим хүсэлтийн хариуг цахимаар шалгаж болно.

| HIKOREA

Үүнээс гадна БНСУ-д суугаа гадаад иргэдийн визний ангилал болон визтэй холбогдолтой бүхэл төрлийн мэдээллийг хүргэдэг.

Мөн визний мэдүүлэг хийх виз сунгуулах, визний ангилал солих талаар мэргэжлийн иммигрэйшний зөвлөгчөөс зөвлөгөө авах бол 1345 дугаар луу холбогдон 12 орны хэл дээр мэдээлэл зөвлөгөө авах боломжтой бөгөөд Монгол хэлээр зөвлөгчөөс хэрэгтэй бичиг баримт болон ерөнхий мэдээллийг авах боломжтой байдаг.

Хариулт

정답

정답

〈듣기 연습〉

1. 🎧 01-4

(1) 여　이름이 뭐예요?
남　빌궁이에요.
Эм　Нэр чинь хэн бэ?
Эр　Билгүүн байна.

(2) 남　제시카 씨는 프랑스 사람이에요?
여　아니요, 저는 프랑스 사람이 아니에요.
저는 미국 사람이에요.
Эр　Жэшика Франц хүн үү?
Эм　Үгүй ээ, Би Франц хүн биш.
Би Америк хүн.

(3) 남　수지 씨는 어느 나라 사람이에요?
여　저는 한국 사람이에요.
Эр　Сүжи аль улсын хүн бэ?
Эм　Би Солонгос хүн.

(4) 남　호민 씨는 중국 사람이에요?
여　아니요, 베트남 사람이에요.
Эр　Хумин та Хятад хүн үү?
Эм　Үгүй ээ, Вьетнам хүн.

(1) Эрэгтэйгийн нэр Билгүүн. (◯)
(2) Жэшика нь Америк хүн. (◯)
(3) Сүжи Солонгос хүн. (◯)
(4) Хумин Хятад хүн. (✕)

2. 🎧 01-5

(1) ①
안녕하세요, 저는 바트예요. 저는 몽골 사람이에요.
Сайн байна уу? Би Бат байна. Би Монгол хүн.

(2) ⑤
유카 씨는 한국 사람이 아니에요. 유카 씨는 일본 사람이에요.
Юүка нь Солонгос хүн биш. Юүка нь Япон хүн юм.

(3) ②
지수 씨는 한국 사람입니다.
Жисү Солонгос хүн.

(4) ③
마이클 씨는 미국 사람입니다.
Майкл Америк хүн.

(5) ④
남　빅토리아 씨는 러시아 사람입니까?
여　네, 러시아 사람입니다.
Эр　Викториа Орос хүн үү?
Эм　Тиймээ, Орос хүн.

〈쓰기 연습〉

1.

(1) 제 이름은 유리예요.
Миний нэр Юү Ри.
(2) 저는 사라예요.
Намайг Сараа гэдэг.
(3) 바트 씨는 몽골 사람입니다.
Бат бол Монгол хүн.
(4) 마이클은 미국 사람입니까?
Майкл Америк хүн үү?
(5) 저는 호민입니다.
Би Хумин.

2.

(1) 저는 태국 사람이에요.
Би Тайланд хүн.
(2) 저는 호주 사람이에요.
Би Австрали хүн.
(3) 제 이름은 사라예요.
Миний нэр Сараа.
(4) 이 사람은 일본 사람이에요.
Энэ хүн Япон хүн.
(5) 그 사람은 러시아 사람이에요.
Тэр хүн Орос хүн.

〈읽기 연습〉

(1) Сайн байна уу?
Миний нэр Билгүүн.
Би Монгол хүн.
Улаанбаатараас ирсэн.
Уулзсандаа баяртай байна.

(2) Сайн байна уу?
Миний нэр Майкл.
Би Америк хүн.
Нью Йоркоос ирсэн.
Уулзсандаа баяртай байна.

(3) Сайн байна уу?
Миний нэр Сүжи.
Би Солонгос хүн.
Пусанаас ирсэн.
Уулзсандаа баяртай байна.

제2과

〈듣기 연습〉

1. 🎧 02-4

(1) ①
남 지금 뭐 하고 있어요?
여 친구를 만나고 있어요.

Эр Одоо юу хийж байна вэ?
Эм Найзтайгаа уулзаж байна.

(2) ③
남 지금 뭐 하고 있어요?
여 달리고 있어요.

Эр Одоо юу хийж байна вэ?
Эм Гүйж байна.

(3) ④
여 지금 뭐 하고 있어요?
남 창문을 닫고 있어요.

Эм Одоо юу хийж байна вэ?
Эр Цонхоо хааж байна.

(4) ②
여 지금 뭐 하고 있어요?
남 짐을 나르고 있어요.

Эм Одоо юу хийж байна вэ?
Эр Ачаагаа зөөж байна.

2. 🎧 02-5

(1) ✕
남 수지 씨 지금 뭐해요?
여 저는 지금 빵을 먹어요.

Эр Сүжи одоо юу хийж байна вэ?
Эм Би одоо талх идэж байна.

(2) ◯
여 마이클 씨는 영어를 배워요?
남 아니요, 영어를 배우지 않아요. 한국어를 배워요.

Эм Майкл Англи хэл сурч байна уу?
Эр Үгүй ээ, Англи хэл сураагүй. Солонгос хэл сурч байна.

(3) ✕
남 지금 뭐 하고 있어요?
여 텔레비전을 보고 있어요.

Эр Одоо юу хийж байна вэ?
Эм Телевиз үзэж байна.

〈쓰기 연습〉

1.

	-아/어요	-고 있어요
먹다 идэх	먹어요	먹고 있어요
만나다 уулзах	만나요	만나고 있어요
배우다 сурах	배워요	배우고 있어요
읽다 унших	읽어요	읽고 있어요
앉다 суух	앉아요	앉고 있어요
있다 байх	있어요	–
없다 байхгүй	없어요	–
좋다 сайн	좋아요	–
일하다 ажиллах	일해요	일하고 있어요
좋아하다 дурлах	좋아해요	좋아하고 있어요

정답

	-ㅂ니다/습니다
먹다 идэх	먹습니다
만나다 уулзах	만납니다
배우다 сурах	배웁니다
읽다 унших	읽습니다
앉다 суух	앉습니다
있다 байх	있습니다
없다 байхгүй	없습니다
좋다 сайн	좋습니다
일하다 ажиллах	일합니다
좋아하다 дурлах	좋아합니다

2.

	안	-지 않아요
먹다 идэх	안 먹어요	먹지 않아요
만나다 уулзах	안 만나요	만나지 않아요
배우다 сурах	안 배워요	배우지 않아요
읽다 унших	안 읽어요	읽지 않아요
앉다 суух	안 앉아요	앉지 않아요
놀다 тоглох	안 놀아요	놀지 않아요
보다 үзэх	안 봐요	보지 않아요
좋다 сайн	안 좋아요	좋지 않아요
일하다 ажиллах	일 안 해요	일하지 않아요
좋아하다 дурлах	안 좋아해요	좋아하지 않아요

〈읽기 연습〉

Сайн байна уу?
Миний нэр Сараа.
Би Монгол хүн.
Би Солонгос хэл сурч байгаа.
Солонгос хэл сонирхолтой.
Сүжи бол миний найз.
Сүжи Солонгос хүн.
Сүжи Таеквондо заадаг.
Би Таеквондо сурдаггүй.

(1) Сүжи Монгол хүн. (✕)

(2) Сараа Солонгос хэл сурдаг. (◯)

(3) Сүжи Таеквондо заадаг. (◯)

(4) Сараа Таеквондо сурдаг. (✕)

제3과

〈듣기 연습〉

1. 🎧 03-4

(1) ②
우리 가족은 할아버지, 할머니, 저입니다.
Манай гэр бүлд өвөө, эмээ, би байдаг.

(2) ③
우리 가족은 아빠, 엄마, 오빠, 저입니다.
Манай гэр бүлд аав, ээж, ах, би байдаг.

(3) ①
우리 가족은 엄마, 남동생, 저입니다.
Манай гэр бүлд ээж, эрэгтэй дүү, би байдаг.

(4) ④
우리 가족은 할아버지, 아빠, 엄마, 여동생,
저입니다.
Манай гэр бүлд өвөө, аав, ээж, эмэгтэй дүү,
би байдаг.

2. 🎧 03-5

남1 이 사람은 제 친구 사라입니다.
여   안녕하세요? 저는 마이클의 친구, 사라입니다.
남2 안녕하세요? 저는 빌궁입니다.
여   빌궁 씨는 마이클의 친구입니까?
남2 아니요, 저는 마이클의 친구가 아닙니다.
     직장 동료입니다.

Эр1 Энэ хүн бол миний найз Сараа.
Эм   Сайн байна уу? Би Майклын найз Сараа
     байна.
Эр2 Сайн байна уу? Намайг Билгүүн гэдэг.
Эм   Билгүүн та Майклын найз уу?
Эр2 Үгүй ээ, Би Майклын найз биш.
     Хамт ажилладаг хүн.

(1) Сараа Майклын найз. (◯)

(2) Билгүүн Майклын найз. (✕)

(3) Билгүүн Майклтай хамт ажилладаг хүн. (◯)

(4) Билгүүн Сараа найзууд. (✕)

〈쓰기 연습〉

1.

(1) 꿈을 꿔요.
Зүүд зүүдлэж байна.

(2) 영화를 봐요.
Кино үзэж байна.

(3) 찌개를 먹어요.
Шөл идэж байна.

(4) 신문을 읽어요.
Сонин уншиж байна.

(5) 가족을 소개해요.
Гэр бүлээ танилцуулж байна.

2.

(1) 그녀의 이름은 사라예요.
Түүний нэр нь Сараа.

(2) 저희 직업은 소방관이에요.
Бидний мэргэжил гал сөнөөгч.

(3) 그의 친구는 러시아 사람이에요.
Түүний найз Орос хүн.

(4) 제 아버지는 몽골 사람이에요.
Манай аав Монгол хүн.

(5) 그 사람의 어머니는 한국 사람이에요.
Тэр хүний ээж нь Солонгос хүн.

〈읽기 연습〉

Жисү	Бат юу хийж байна вэ?
Бат	Гэр бүлийн зургаа харж байна.
Жисү	Энэ хүмүүс аав ээж чинь үү?
Бат	Тиймээ, мөн
Жисү	Энэ хүн эгч чинь үү?.
Бат	Үгүй ээ, эгч биш. Эмэгтэй дүү.
Жисү	Бат гэр бүл 4үүлээ юу?
Бат	Тиймээ 4үүлээ.

(1) Бат нь гэр бүлтэйгээ утсаар ярьж байна. (✕)

(2) Бат нь эгчтэй. (✕)

(3) Бат нь эмэгтэй дүүтэй. (◯)

(4) Бат нь гэр бүл 4үүлээ. (◯)

〈듣기 연습〉

1. 🎧 04-4

(1) 오늘은 5월 5일이에요. 어린이날이에요.
Өнөөдөр 5 сарын 5-ны өдөр. Хүүхдийн баяр.

(2) 오늘은 10월 9일이에요. 한글날이에요.
Өнөөдөр 10 сарын 9-ний өдөр. Хангыл үсгийн тэмдэглэлт баяр.

(3) 오늘은 3월 5일이에요. 친구 생일이에요.
Өнөөдөр 3 сарын 5-ны өдөр. Найзын төрсөн өдөр.

(4) 모레는 8월 26일이에요.
Нөгөөдөр 8 сарын 26-ны өдөр.

(1) 5월 5일 (5 сарын 5 өдөр)

(2) 10월 9일 (10 сарын 9 өдөр)

(3) 3월 5일 (3 сарын 5 өдөр)

(4) 8월 26일 (8 сарын 26 өдөр)

2. 🎧 04-5

남	지수 씨 오늘 뭐 해요?
여	공부할 거예요. 내일 시험이 있어요.
남	토요일에 시험이 있어요?
여	네. 한국어 시험을 봐요.

Эр	Жисү өнөөдөр юу хийх вэ?
Эм	Хичээлээ хийнэ. Маргааш шалгалттай.
Эр	Бямба гаригт шалгалттай юу?
Эм	Тиймээ. Солонгос хэлний шалгалт өгнө.

(1) Жисү өнөөдөр хичээлээ хийнэ. (◯)

(2) Жисү Солонгос хэлний шалгалттай. (◯)

(3) Солонгос хэлний шалгалт ням гаригт байгаа.
(✕)

정답

〈쓰기 연습〉

1.

(1) 일요일에 등산할 거예요?
   Ням гаригт ууланд гарах уу?

(2) 내일X 뭐 해요?
   Маргааш юу хийх вэ?

(3) 주말에 영화를 봐요.
   Амралтын өдрөөр кино үздэг.

(4) 오늘X 친구를 만나요.
   Өнөөдөр найзтайгаа уулзана.

(5) 금요일에 뭐 해요?
   Баасан гаригт юу хийх вэ?

2.

(1) 금요일부터 일요일까지 쉴 거예요.
   Баасан гаригаас ням гариг хүртэл амрах болно.

(2) 아침부터 저녁까지 공부할 거예요.
   Өглөөнөөс орой хүртэл хичээлээ хийх болно.

(3) 수요일부터 토요일까지 여행 갈 거예요.
   Лхагва гаригаас бямба гариг хүртэл аялалаар явах болно.

(4) 9월부터 12월까지 학교에 갈 거예요.
   9 сараас 12сар хүртэл сургуульдаа явах болно.

(5) 이번 달부터 다음 달까지 바쁠 거예요.
   Энэ сараас дараа сар хүртэл завгүй байх болно.

〈읽기 연습〉

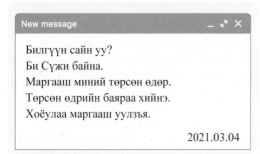

New message

Билгүүн сайн уу?
Би Сүжи байна.
Маргааш миний төрсөн өдөр.
Төрсөн өдрийн баяраа хийнэ.
Хоёулаа маргааш уулзъя.

2021.03.04

(1) Сүжи төрсөн өдрийн баяраа тэмдэглэнэ. (○)
(2) Сүжигийн төрсөн өдөр 3 сарын 4-ний өдөр.
   (✕)
(3) Сүжигийн төрсөн өдөр 3 сарын 5-ны өдөр юм.
   (○)

제5과

〈듣기 연습〉

1. 🎧 05-4

(1) ②
   여름에는 바다에 가요.
   Зун нь далай явдаг.

(2) ①
   봄에는 벚꽃이 피어요.
   Хавар нь Сакура цэцэг ургадаг.

(3) ③
   가을에는 단풍이 예뻐요.
   Намар нь өнгө өнгийн навчис нь сайхан.

(4) ④
   겨울에는 눈이 많이 와요.
   Өвөлдөө цас их ордог.

2. 🎧 05-5

(1) ③
   오늘 울란바토르 날씨가 맑습니다.
   Өнөөдөр Улаанбаатар цаг агаар цэлмэг байна.

(2) ④
   내일 서울 날씨는 추울 거예요.
   Маргааш Сөүл цаг агаар хүйтэн байна.

(3) ②
   부산은 날씨가 항상 따뜻해요.
   Пусан цаг агаар үргэлж дулаахан байдаг.

(4) ①
   주말에 날씨가 흐려서 산책을 못 가요.
   Амралтын өдрөөр цаг агаар бүрхэг салхинд явж чадахгүй.

⟨쓰기 연습⟩

1.

	–았/었어요	–아/어서
눕다 хэвтэх	누웠어요	누워서
맵다 халуун ногоотой	매웠어요	매워서
무겁다 хүнд	무거웠어요	무거워서
쉽다 амархан	쉬웠어요	쉬워서
아름답다 үзэсгэлэнтэй	아름다웠어요	아름다워서
어렵다 хүнд, хэцүү	어려웠어요	어려워서
줍다 түүх, олох	주웠어요	주워서
접다 эвхэх	접었어요	접어서
좁다 нарийн/тавчуу	좁았어요	좁아서
뽑다 сугалах	뽑았어요	뽑아서

2.

(1) 주말에 뭐 했어요?
Амралтын өдрөөр юу хийсэн бэ?
친구를 만났어요.
Найзтайгаа уулзсан.

(2) 지난주 토요일에 뭐 했어요?
Өнгөрсөн бямба гаригт юу хийсэн бэ?
쇼핑했어요.
Дэлгүүр хэссэн.

(3) 월요일에 뭐 했어요?
Даваа гаригт юу хийсэн бэ?
한국어를 공부했어요.
Солонгос хэлний хичээл хийсэн.

(4) 오늘 아침에 뭐 했어요?
Өнөөдөр өглөө юу хийсэн бэ?
운동했어요.
Дасгал хийсэн.

⟨읽기 연습⟩

New message

Сайн уу, Сүжи?

Сайн сууж байна уу? Би сайн байгаа.
Монголд одоо өвөл болоод их хүйтэн байгаа.
Солонгост цаг агаар ямар байгаа вэ?

Би одоогоор их сургуульд сурч байгаа.
Сургууль жоохон хол учраас өнгөрсөн долоо хоногт нүүсэн.
Тиймээс одоо сургууль ойрхон болсон.
Сүжи таны талаар мэдмээр байна.
Хариу хүлээж байя.^^

Илгээсэн Билгүүн

(1) Монголд цаг агаар хүйтэн биш байгаа. (✕)
(2) Билгүүн одоо сургуульд явж байгаа. (◯)
(3) Билгүүний гэр сургуулиас холдсон. (✕)
(4) Билгүүн хариу хүлээж байна. (◯)

제6과

⟨듣기 연습⟩

1. 06-4

(1) ①
부산에 비행기를 타고 가요.
Пусан руу онгоцонд сууж явна.

(2) ②
수업에 늦어서 택시를 탔어요.
Хичээлдээ хоцроод таксинд суусан.

(3) ④
매일 지하철을 타고 학교에 가요.
Өдөр бүр метронд сууж сургуульдаа очдог.

(4) ③
한강에서 유람선을 타요.
Хан мөрөн дээр усан онгоцонд суунa.

정답

2. 🎧 06-5

(1) 여 가방이 어디에 있어요?
남 가방은 책상 옆에 있어요.

Эм Цүнх хаана байна вэ?
Эр Цүнх ширээний хажууд байна.

(2) 여 달력이 어디에 있어요?
남 달력은 책상 위에 있어요.

Эм Календарь хаана байна вэ?
Эр Календарь ширээн дээр байна.

(3) 여 시계가 어디에 있어요?
남 시계는 벽 위에 있어요.

Эм Цаг хаана байна вэ?
Эр Цаг ханан дээр байна.

(4) 여 수학책이 어디에 있어요?
남 수학책은 소설책 사이에 있어요.

Эм Тооны ном хаана байна вэ?
Эр Тооны ном зохиолын номын завсар байна.

(1) Цүнх ширээний хажууд байна. (◯)

(2) Календарь ширээн дотор байгаа. (✕)

(3) Цаг ханан дээр байна. (◯)

(4) Тооны ном зохиолын номын завсар байна.
(◯)

〈쓰기 연습〉

1.

(1) 신용카드로 결제해요.
Зээлийн картаар тооцоо хийнэ.

(2) 저는 지하철로 학원에 가요.
Би метрогоор сургалтын төв рүүгээ явдаг.

(3) 교통카드를 현금으로 사요.
Тээврийн картаа бэлэн мөнгөөр худалдаж авдаг.

(4) 핸드폰으로 게임하고 있어요.
Утсаараа тоглож байна.

(5) 택시로 10분 정도 걸려요.
Таксигаар 10 минут орчим болдог.

2.

(1) 언니가 시장에 있어요.
Эгч зах дээр байгаа.
언니가 시장에서 과일을 사요.
Эгч зах дээрээс жимс худалдаж авдаг.

(2) 사라는 학교에 있어요.
Сараа сургууль дээрээ байгаа.
사라는 학교에서 한국어를 배워요.
Сараа сургууль дээрээ Солонгос хэл сурдаг.

(3) 엄마가 집에 있어요.
Ээж гэртээ байгаа.
엄마가 집에서 요리해요.
Ээж гэртээ хоол хийдэг.

(4) 친구가 공원에 있어요.
Найз цэцэрлэгт хүрээлэнд байгаа.
친구가 공원에서 운동하고 있어요.
Найз цэцэрлэгт хүрээлэн дээр дасгал хийдэг.

〈읽기 연습〉

Миний өрөөнд ширээ сандал компьютер номын тавиур, цонх цаг байгаа.
Цаг нь ханан дээр байдаг.
Ширээний урд цонх байдаг бөгөөд номын тавиур нь ширээний хажууд байна.
Ширээн дээр ном байна.
Ширээний урд сандал байгаа бөгөөд ширээн доор шүүгээ байна.
Компьютер нь ширээний зүүн талд байна.

(1) Цаг ширээн дээр байна. (✕)
(2) Ширээний урд цонх байна. (◯)
(3) Ном ширээн дээр байна. (◯)
(4) Шүүгээ номын дээр байна. (✕)
(5) Компьютер ширээний зүүн талд байна. (◯)

〈듣기 연습〉

1. 🎧 07-4

(1) 20,000원 (20,000 вон)

남 이 파란색 셔츠 얼마예요?
여 한 벌에 20,000원이에요.

Эр Энэ цэнхэр цамц хэд вэ?
Эм Нэг нь 20,000 вон.

(2) 15,000원 (15,000 вон)

남 커피 두 잔과 케이크를 주세요.
여 총 15,000원입니다.

Эр Кофе 2 аяга нэг торт өгөөч.
Эм Бүгд 15,000 вон болж байна.

(3) 5,000원 (5,000 вон)

남 아주머니, 사과하고 오렌지가 얼마예요?
여 5,000원이에요.

Эр Эгчээ алим болон жүрж хэд вэ?
Эм 5,000 вон болж байна.

2. 🎧 07-5

(1) ③

남 총 몇 권이에요?
여 3권이요. 얼마예요?
남 3권에 3만원이에요.

Эр Бүгд хэдэн ном бэ?
Эм 3н ном. Хэд вэ?
Эр 3 ном 30,000 вон.

(2) ②

남 장미 열 송이에 얼마예요?
여 만원이에요.

Эр Сарнай 10 ширхэг хэд вэ?
Эм 10,000 вон.

(3) ①

여 원피스하고 이 치마도 같이 주세요. 총 얼마
    예요?
남 10만원이에요.

Эм Палаж болон юбка ч гэсэн хамт авъя.
    Нийт хэд вэ?
Эр 100,000 вон.

〈쓰기 연습〉

1.

(1) 여기에 앉으세요.
    Энд суугаарай.
(2) 이쪽으로 오세요.
    Энэ зүг рүү ирээрэй.
(3) 아빠는 신문을 읽으세요.
    Аав сонин уншиж байна.
(4) 할아버지는 방에서 쉬세요.
    Өвөө өрөөндөө амарч байна.
(5) 선생님은 지금 식사하세요.
    Багш хоолоо идэж байна.

2.

(1) 따라 읽어 보세요.
    Дагаад уншаад үзээрэй.
(2) 이 옷을 입어 보세요.
    Энэ хувцасыг өмсөөд үзээрэй.
(3) 커피를 마셔 보세요.
    Кофе уугаад үзээрэй.
(4) 제 요리를 먹어 보세요.
    Миний хоолыг идээд үзээрэй.
(5) 영어를 배워 보세요.
    Англи хэл сураад үзээрэй.

〈읽기 연습〉

ЗАРЛАЛ!
Би Монгол оюутан байна.
Энэ сарын 20-нд Монгол руу явна.
Тиймээс эд зүйлээ зарах гэж байна.

Ширээ
Энэ ширээг өнгөрсөн сард их дэлгүүрээс авсан.
Бараг ашиглаагүй болохоор үнэхээр сайн.

Ном
Манай гэрт ном их байгаа. 1 ном 4,000 вон 3
ном нийтдээ 10,000 вон.

Компьютер, Нөөтбүүк
17 инчийн зөөврийн компьютер байгаа.
Зөөврийн компьютер шинэ загварынх учраас их
хөнгөхөн. Суурин компьютер ч гэсэн байгаа.
Зөөврийн компьютертэй хамт 1,000,000 воноор
худалдаж авч байсан.
Утсаар холбогдоорой!
Утасны дугаар: 010 1234 5678

정답

(1) ① Эд зүйлс худалдаалж байна.
(2) ④ Энэ оюутан нь зөөврийн компьютер болон
суурин компьютерийг 1,000,000 вон өгч авсан.

제8과

〈듣기 연습〉

1. 🎧 08-4

(1) ①
남　주말에 뭐 했어요?
여　자전거를 탔어요.
Эр　Амралтын өдөр юу хийсэн бэ?
Эм　Дугуй унасан.

(2) ③
여　취미가 뭐예요?
남　낚시예요.
Эм　Хобби чинь юу вэ?
Эр　Загас барих.

(3) ②
남　취미가 뭐예요?
여　등산이에요.
Эр　Хобби чинь юу вэ?
Эм　Ууланд авирах.

(4) ④
남　휴가 때 뭐 했어요?
여　집에서 쉬었어요.
Эр　Амралтаараа юу хийсэн бэ?
Эм　Гэртээ амарсан.

2. 🎧 08-5

사라　바트 씨, 주말에 뭐 했어요?
바트　친구들과 함께 영화를 보고 고기도 먹었어요.
사라　좋았겠어요. 저는 주말에 아르바이트를 했어요.
바트　무슨 아르바이트를 했어요?
사라　주방 도우미를 했어요.
바트　사라 씨는 한국 음식을 만들 수 있어요?
사라　아니요, 저는 한국 음식을 좋아하지만, 요리는
　　　못해요.
바트　그럼 한번 배워 보세요.

Capaa　Батаа амралтын өдрөөр юу хийсэн бэ?
Бат　Найзуудтайгаа хамт кино үзээд мах
идсэн.
Capaa　Сайхан байсан байх нь ээ. Би амралтын
өдрөөр цагийн ажил хийсэн.
Бат　Ямар цагийн ажил хийсэн бэ?
Capaa　Гал тогооны туслах хийсэн.
Бат　Capaa та Солонгос хоол хийж чадах
уу?
Capaa　Үгүй ээ, Би Солонгос хоолонд дуртай
боловч сайн хийж чадахгүй.
Бат　Тэгвэл нэг сураад үзээрэй.

〈쓰기 연습〉

1.

(1) 아침을 안 먹어서 배가 고파요.
　　Өглөөний хоолоо идээгүй гэдэс өлсөж байна.
(2) 친구에게 편지를 써요.
　　Найздаа захидал бичнэ.
(3) 먼지가 들어가서 눈이 아파요.
　　Нүдэнд тоос ороод өвдөж байна.
(4) 우리 동생은 키가 커요.
　　Манай дүү өндөр.
(5) 요즘 많이 바빠요.
　　Ойрд их завгүй байгаа.

2.

	−겠어요	−지만	−(으)ㄹ까요?
있다 байх	있겠어요	있지만	있을까요?
없다 байхгүй	없겠어요	없지만	없을까요?
하다 хийх	하겠어요	하지만	할까요?
좋다 сайн	좋겠어요	좋지만	좋을까요?
먹다 идэх	먹겠어요	먹지만	먹을까요?
입다 өмсөх	입겠어요	입지만	입을까요?
신다 углах	신겠어요	신지만	신을까요?
쉬다 амрах	쉬겠어요	쉬지만	쉴까요?
싸다 хямд	싸겠어요	싸지만	쌀까요?
비싸다 үнэтэй	비싸겠어요	비싸지만	비쌀까요?

〈읽기 연습〉

Миний хобби

Би бага сургуулийн 5 дугаар ангийн сурагч.
Миний хобби бол хөл бөмбөг юм.
Би амралтын өдрөөр найзуудтайгаа хамт талбай дээр хөл бөмбөг тоглодог.
Миний сайн найз Минху хөл бөмбөгөөс илүү сагсан бөмбөгт илүү дуртай.
Тиймээс заримдаа Минхутай сагсан бөмбөг тоглодог.
Тоглож дуусаад найзуудтайгаа хамт пицца иддэг.
Би спортонд дуртай боловч найзуудтайгаа хамт пицца идэх ч бас дуртай.

(1) Энэ текстийг бичсэн хүний хобби нь хөл бөмбөг. (◯)
(2) Энэ текстийг бичсэн хүн нь ажлын өдрөөр найзуудтайгаа талбай дээр хөл бөмбөг тоглодог. (✕)
(3) Минху сагснаас илүү хөл бөмбөгт дуртай. (✕)
(4) Энэ текстийг бичсэн хүн тоглож дуусаад бургер иддэг. (✕)

제9과

〈듣기 연습〉

1. 🎧 09-4

남 이번에 같이 제주도 여행을 가게 되어서 기뻐요.
여 저도 기뻐요. 제주도에 가서 어디에 갈까요?
남 저는 한라산에 가고 싶어요. 한라산은 한국에서 제일 높은 산이에요.
여 좋아요. 또 어디 갈까요?
남 제주도는 오름도 유명해요. 오름도 가 보고 싶어요.
여 좋아요.
Эр Энэ удаад хамт Жэжү аялалаар явахаар болсондоо баяртай байна.
Эм Би ч бас баяртай байна. Жэжүд очоод хаашаа явах вэ?

Эр Би Халла уул явмаар байна. Халла уул нь Солонгост хамгийн өндөр уул.
Эм Болж байна. Өөр хаашаа явах уу?
Эр Жэжү арал нь Урым алдартай. Урым явж үзмээр байна.
Эм За тэгье.

(1) Жэжү аралд Сораг уул байдаг. (✕)
(2) 2 хүн нь далай явах төлөвтэй байна. (✕)
(3) 2 хүн аялалын төлөвлөгөө гаргаж байна. (◯)

2. 🎧 09-5

③
빌궁 산 정상까지 올라가서 뿌듯하지만, 날씨가 너무 더워서 힘들었어요.
수지 맞아요. 여기서 시원한 커피 한 잔 마시면 기운이 날 거예요.
빌궁 수지 씨 뭐 드실래요?
수지 저는 아이스 바닐라 라떼를 마시고 싶어요.
빌궁 저는 아이스 아메리카노를 마실래요.
Билгүүн Уулын орой хүртэл гараад сэтгэл хангалуун байгаа боловч, цаг агаар аймар халуун болоод хэцүү байсан.
Сүжи Тиймээ. Энд хүйтэн кофе нэгийг уувал эрч хүч орох байх.
Билгүүн Сүжи та юу уух вэ?
Сүжи Би мөстэй банилла латте уумаар байна.
Билгүүн Би мөстэй американоууя.

〈쓰기 연습〉

1.

(1) 사진을 찍을래요?
    Зураг дарах уу?
(2) 비행기를 탈래요?
    Онгоцонд суух уу?
(3) 삼겹살을 먹을래요?
    Самгёбсал идэх үү?
(4) 호텔을 예약할래요?
    Буудал захиалах уу?
(5) 바다를 구경할래요?
    Далай үзэх үү?

정답

2.

	─(으)시다	─(으)세요
오다 ирэх	오시다	오세요
보다 үзэх	보시다	보세요
가다 явах	가시다	가세요
사다 худалдаж авах	사시다	사세요
살다 амьдрах	사시다	사세요
좋다 гоё	좋으시다	좋으세요
웃다 инээх	웃으시다	웃으세요
읽다 унших	읽으시다	읽으세요
하다 хийх	하시다	하세요
예쁘다 хөөрхөн	예쁘시다	예쁘세요

	─(으)셨어요	─(으)실 거예요
오다 ирэх	오셨어요	오실 거예요
보다 үзэх	보셨어요	보실 거예요
가다 явах	가셨어요	가실 거예요
사다 худалдаж авах	사셨어요	사실 거예요
살다 амьдрах	사셨어요	사실 거예요
좋다 гоё	좋으셨어요	좋으실 거예요
웃다 инээх	웃으셨어요	웃으실 거예요
읽다 унших	읽으셨어요	읽으실 거예요
하다 хийх	하셨어요	하실 거예요
예쁘다 хөөрхөн	예쁘셨어요	예쁘실 거예요

〈읽기 연습〉

Билгүүний нэг шөнө 2 өдрийн
Пусан аялалын хуваарь

8.15
10:00	Сөүлээс KTX хөдлөх
12:30	Пусан галт тэрэгний буудал дээр очих
13:00	Өдрийн хоол
14:00 ~ 15:00	Хэгүндэ үзэж сонирхох
15:30	PARADISE буудалдаа орох
15:30 ~ 17:00	Амралтын цаг
17:00~18:00	Буудлын бассейнд сэлэх
18:00~18:30	Оройн хоол

8.16
08:30	Өглөөний хоол
10:00~11:00	Гарах бэлтгэл
12:00	Буудлаасаа гарах
13:00~16:00	Гуан-ал-ли далай
18:00	Сөүл рүү хөдлөх

(1) Билгүүн нь Пусан руу аялана. (◯)
(2) Билгүүн нь Пусан руу онгоцонд сууж явна. (✕)
(3) PARADISE буудал нь бассейн байхгүй. (✕)
(4) Билгүүн нь Гуан-ал-ли явна. (◯)
(5) Билгүүн нь 8 сарын 16-нд Сөүлд ирнэ. (◯)

제10과

〈듣기 연습〉

1. 🎧 10-4

남　서점에 가려고 하는데, 한국의 가장 큰 서점이 어디에 있어요?
여　광화문에 있어요.
남　광화문에 어떻게 가요?
여　여기서 지하철을 타고 동대문역사문화공원역에서 5호선으로 갈아타세요. 광화문역에서 내려서 3번 출구로 나가면 바로 있어요.
남　네, 감사해요.

Эр　Номын дэлгүүр орох гэж байна л даа, Солонгосын хамгийн том номын дэлгүүр хаана вэ?
Эм　Гуанхуамүн дээр байгаа.
Эр　Гуанхуамүн рүү яаж явах вэ?
Эм　Эндээс метронд суугаад Түндэмүнёогсамунхуагунвон буудлаас 5-р шугам руу дамжин суугаарай. Гуанхуамүн буудал дээр буугаад 3-р гарцаар гарвал тэнд байгаа.
Эр　За баярлалаа.

(1) 남자는 서점에 가려고 합니다.
　　Эрэгтэй нь номын дэлгүүр орох гэж байна.
(2) ③

2. 🎧 10-5

여 길 좀 물어보겠습니다.

남 네, 말씀하세요.

여 근처에 하나은행이 어디에 있어요?

남 저 사거리에서 오른쪽으로 가면 있어요.

여 오른쪽으로 얼마나 가면 있어요?

남 5분 정도 걸으면 큰 병원이 나오는데, 그 옆에 있어요.

여 감사합니다.

Эм Зам асуух гэсэн юм.

Эр За хэлээрэй.

Эм Ойр хавьд Хана банк хаана байдаг вэ?

Эр Тээр тэр 4 замын уулзвараас баруун гар тийшээ явбал байгаа.

Эм Баруун гар тийшээ хэр явбал байгаа вэ?

Эр 5 минут орчим алхвал том эмнэлэг гарч ирнэ, тэрний хажууд байгаа.

Эм Баяралалаа.

(1) Эмэгтэй нь эмнэлэг хайж байна. (✗)

(2) Банк дөрвөн замын ойролцоо байгаа. (◯)

(3) Банкны эсрэг талд эмнэлэг байгаа. (✗)

〈쓰기 연습〉

1.

(1) 누구에게 말할까요?
    Хэнд хэлэх вэ?

(2) 친구에게 선물을 줘요.
    Найздаа бэлэг өгч байна.

(3) 오늘도 학교에 가요.
    Өнөөдөр сургууль руу явна.

(4) 제 동생이 너무 귀여워요.
    Манай дүү маш өхөөрдөм.

(5) 저는 내일 친구와 같이 등산을 해요.
    Би маргааш найзтайгаа хамт ууланд гарна.

2.

	–(으)ㄹ게요	–아/어 주다	–(으)면
가다 явах	갈게요	가 주다	가면
찾다 хайх	찾을게요	찾아 주다	찾으면
보다 үзэх	볼게요	봐 주다	보면
쉬다 амрах	쉴게요	쉬어 주다	쉬면
하다 хийх	할게요	해 주다	하면
웃다 инээх	웃을게요	웃어 주다	웃으면
읽다 унших	읽을게요	읽어 주다	읽으면
입다 өмсөх	입을게요	입어 주다	입으면
찍다 дарах	찍을게요	찍어 주다	찍으면
기다리다 хүлээх	기다릴게요	기다려 주다	기다리면

〈읽기 연습〉

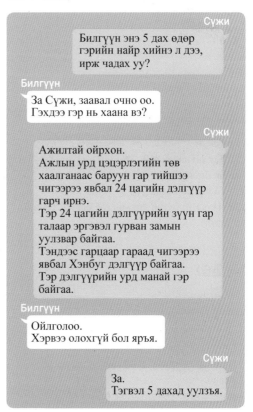

Сүжи
Билгүүн энэ 5 дах өдөр гэрийн найр хийнэ л дээ, ирж чадах уу?

Билгүүн
За Сүжи, заавал очно оо. Гэхдээ гэр нь хаана вэ?

Сүжи
Ажилтай ойрхон.
Ажлын урд цэцэрлэгийн төв хаалганаас баруун гар тийшээ чигээрээ явбал 24 цагийн дэлгүүр гарч ирнэ.
Тэр 24 цагийн дэлгүүрийн зүүн гар талаар эргэвэл гурван замын уулзвар байгаа.
Тэндээс гарцаар гараад чигээрээ явбал Хэнбуг дэлгүүр байгаа.
Тэр дэлгүүрийн урд манай гэр байгаа.

Билгүүн
Ойлголоо.
Хэрвээ олохгүй бол яръя.

Сүжи
За.
Тэгвэл 5 дахад уулзъя.

(1) Сүжи төрсөн өдрийн үдэшлэг хийнэ. (✗)

(2) Билгүүн Сүжигийн гэрт анх очно. (◯)

(3) Сүжигийн гэрийн урд цэцэрлэгт хүрээлэн байгаа. (✗)

(4) Сүжигийн гэр ажлын ойролцоо байдаг. (◯)

정답

〈듣기 연습〉

1. 🎧 11-4

②

남 중국집입니다.
여 오늘 저녁 6시에 8명 예약 가능할까요?
남 네, 가능합니다. 음식을 미리 주문하시겠습니까?
여 아니요, 가서 주문하겠습니다.

Эр Хятад хоолны газар байна.
Эм Өнөөдөр орой 6 цагт 8 хүн захиалга өгөх боломжтой юу?
Эр Тиймээ, боломжтой. Хоолоо урьдчилаад захиалах уу?
Эм Үгүй, очоод захиална аа.

2. 🎧 11-5

①, ③

남 무엇을 주문하시겠습니까?
여1 저는 비빔밥으로 주세요.
남 손님은 무엇을 드릴까요?
여2 저는 순두부찌개가 좋아요. 그걸로 주세요.

Эр Юу захиалах вэ?
Эм1 Би бибимбаб авъя.
Эр Та юу захиалах уу?
Эм2 Надад Дүбүтэй шөл нь гоё байна. Тэрийг авъя.

〈쓰기 연습〉

1.

(1) 집이 멀기 때문에 일찍 출발해요.
 Гэр хол болохоор эрт хөдөлж байна.

(2) 날씨가 춥기 때문에 옷을 두껍게 입어요.
 Цаг агаар хүйтэн учраас зузаан хувцасаа өмсөнө.

(3) 빌궁은 노래를 잘하기 때문에 인기가 많아요.
 Билгүүн дуу сайн дуулдаг болохоор алдартай.

(4) 그 식당은 음식이 맛있기 때문에 손님이 많아요.
 Тэр цайны газар хоол нь амттай учраас үйлчлүүлэгч ихтэй.

2.

	–기 때문에	–네요
놀다 тоглох	놀기 때문에	노네요
들다 нийцэх	들기 때문에	드네요
벌다 хураах	벌기 때문에	버네요
살다 амьдрах	살기 때문에	사네요
알다 мэдэх	알기 때문에	아네요
열다 нээх	열기 때문에	여네요
울다 уйлах	울기 때문에	우네요
팔다 зарах	팔기 때문에	파네요
길다 урт	길기 때문에	기네요
만들다 хийж бүтээх	만들기 때문에	만드네요

	–세요	–ㅂ니다
놀다 тоглох	노세요	놉니다
들다 нийцэх	드세요	듭니다
벌다 хураах	버세요	법니다
살다 амьдрах	사세요	삽니다
알다 мэдэх	아세요	압니다
열다 нээх	여세요	엽니다
울다 уйлах	우세요	웁니다
팔다 зарах	파세요	팝니다
길다 урт	기세요	깁니다
만들다 хийж бүтээх	만드세요	만듭니다

〈읽기 연습〉

<Амттай хоолны газрын сэтгэгдэл>

Өнгөрсөн долоо хоногт 'Хангүг бабсан' хоолны газар очсон.
Хагас бүтэн сайн болоод хүн их байсан учраас эмх замбараагүй байсан боловч хоол нь амттай ажилтан нь ч бас эелдэг байсан болохоор гоё байсан. Хангүг бабсанд загас юмуу кимчижигэ идээд үзээрэй.

(1) Жисү өнгөрсөн амралтын өдрөөр аялалд явсан.
 (✕)

(2) Хангүг бабсаны ажилтан нь эелдэг биш байсан.
 (✕)

(3) Хангүг бабсаны загас болон кимчижигэ амттай.
 (◯)

제12과

〈듣기 연습〉

1. 🎧 12-4

④

남 무슨 색깔을 좋아해요?

여 빨간색하고 파란색을 좋아해요.
　무슨 색깔을 좋아해요?

남 저는 초록색을 좋아해요.

여 그렇군요. 아, 저 검은색도 좋아해요.

Эр Ямар өнгөнд дуртай вэ?

Эм Улаан өнгө болон цэнхэр өнгөнд дуртай.
　Ямар өнгөнд дуртай вэ?

Эр Би ногоон өнгөнд дуртай.

Эм Тиймүү. Аан, Би хар өнгөнд ч бас дуртай.

2. 🎧 12-5

남 지수 씨는 무슨 스타일의 옷을 좋아해요?

여 저는 캐주얼을 즐겨 입어요. 주로 흰색을 많이
　입어요.

남 지수 씨는 온라인 쇼핑을 하나요?

여 아니요, 잘 안 해요. 저는 매장에서 직접 입어
　보고 사요.

Эр Жисү та ямар загварын хувцасанд дуртай
　вэ?

Эм Би чөлөөт хувцас байнга өмсдөг.
　Ихэвчлэн цагаан өнгийн хувцас байнга
　өмсдөг.

Эр Жисү та интернэт худалдаа хийдэг үү?

Эм Үгүй, сайн хийдэггүй. Би дэлгүүрт очиж
　шууд өмсөж үзээд авдаг.

(1) Жисү нь хослол байнга өмсдөг. (✗)

(2) Жисү нь цагаан өнгийн хувцас байнга өмсдөг.
　(◯)

(3) Жисү интернэт худалдаа байнга хийдэг. (✗)

(4) Жисү дэлгүүрээс хувцас авдаг. (◯)

〈쓰기 연습〉

1.

(1) 주말에 쇼핑하기로 했어요.
　Хагас бүтэн сайнд дэлгүүр хэсэхээр болсон.

(2) 아침에 조깅하기로 했어요.
　Өглөө алхахаар болсон.

(3) 공원에서 산책하기로 했어요.
　Цэцэрлэгт хүрээлэнд салхилахаар болсон.

(4) 다음 달에 여행을 가기로 했어요.
　Дараа сард аялалаар явахаар болсон.

(5) 커피숍에서 커피를 마시기로 했어요.
　Кофешопт кофе уухаар болсон.

2.

		−고	−아/어요
기르다	өсгөх, ургуулах, сайжруулах	기르고	길러요
빠르다	хурдан	빠르고	빨라요
바르다	түрхэх	바르고	발라요
부르다	дуудах, дуулах, цадах	부르고	불러요
고르다	сонгох	고르고	골라요
오르다	өгсөх, нэмэгдэх	오르고	올라요
자르다	хайчлах, тайрах	자르고	잘라요
모르다	мэдэхгүй	모르고	몰라요
다르다	өөр	다르고	달라요
누르다	дарах	누르고	눌러요

〈읽기 연습〉

Бүжгийн дамжаанд суралцагч бүртгэж байна

Сонирхлоосоо хамаараад хичээлээ сонгож
болно.

Жааз бүжиг(Jazz dance), Самба бүжиг(Samba),
Бэлхүүсний бүжиг(Belly dance) гэх мэт төрлүүд
байна.

Өргөнөөр урьж байна. Анхлан суралцагч ч бас
бүртгүүлэх боломжтой.

Да	Мя	Лха	Пү	Ба
09:00 Jazz dance				09:00 Jazz dance
10:00 Belly dance		10:00 Belly dance		10:00 Belly dance
	11:00 Samba		11:00 Samba	

정답

(1) Бүжгийн дамжаанд 4 төрлийн бүжгийг сурч болно. (✕)

(2) Жааз бүжгийн хичээл нь нэг дэх өдөр болон тав дах өдөр байгаа. (◯)

(3) Самбаа бүжгийн хичээл нь 2 дах өдөр болон 4 дэх өдөр байгаа. (◯)

(4) Чадвараас хамаараад хичээлээ сонгож болно. (✕)

제13과

〈듣기 연습〉

1. 🎧 13-4

(1) ①
- 남 어디가 아프세요?
- 여 속이 더부룩하고 소화가 안 돼요.
- Эр Хаана нь өвдөж байна?
- Эм Дотор хүнд оргиод хоол шингэхгүй байна.

(2) ③
- 남 어디가 아프세요?
- 여 잇몸이 붓고 이가 아파요.
- Эр Хаана нь өвдөж байна?
- Эм Буйл хавдаад шүд өвдөөд байна.

(3) ④
- 남 어디가 아프세요?
- 여 목이 아프고 기침을 자주 해요.
- Эр Хаана нь өвдөж байна?
- Эм Хоолой өвдөөд байнга ханиалгаад байна.

(4) ②
- 남 어디가 아프세요?
- 여 피부에 두드러기가 나서 가려워요.
- Эр Хаана нь өвдөж байна?
- Эм Арьсан дээр харшил туураад загтнаад байна.

2. 🎧 13-5

- 남 어디가 아프세요?
- 여 목이 아프고 기침을 많이 해요.
- 남 열도 있어요?
- 여 아니요, 열은 없어요.
- 남 언제부터 아프셨어요?
- 여 이틀 전부터요.
- 남 목이 많이 부었네요. 3일치 약을 처방해 드릴게요. 따뜻한 물을 많이 드세요.
- 여 알겠습니다. 감사합니다.

- Эр Хаана нь өвдөж байна?
- Эм Хоолой өвдөөд, их ханиалгаад байна.
- Эр Бас халуурч байна уу?
- Эм Үгүй, халуураагүй.
- Эр Хэзээнээс эхэлж өвдсөн бэ?
- Эм Хоёр өдрийн өмнөөс.
- Эр Хоолой тань их хавдсан байна. 3 өдрийн эмийн жор өгье. Халуун ус сайн уугаарай.
- Эм Ойлголоо. Баярлалаа.

(1) Хоолой өвдөөд ханиалгаад байна. (◯)

(2) Халуураад байна. (✕)

(3) 2 долоо хоногийн өмнөөс өвдсөн. (✕)

(4) 3 өдрийн эмийн жор авсан. (◯)

〈쓰기 연습〉

1.

(1) 예쁘게 입으세요.
Хөөрхөн өмсөөрэй.

(2) 방을 깨끗하게 청소했어요.
Өрөөгөө цэвэрхэн цэвэрлэсэн.

(3) 제 동생은 치마를 짧게 입어요.
Миний дүү богинохон юбка өмсдөг.

(4) 옷을 따뜻하게 입으세요.
Дулаахан хувцасаа өмсөөрэй.

(5) 김밥을 맛있게 만들었어요.
Амттай кимбаб хийсэн.

2.

	–네요	–아/어요
긋다 мөр гаргах, зурах	긋네요	그어요
낫다 эдгэрэх, дээрдэх	낫네요	나아요
젓다 хутгах	젓네요	저어요
붓다 хавдах, хөөх	붓네요	부어요
짓다 барих	짓네요	지어요
벗다 тайлах	벗네요	벗어요
웃다 инээх	웃네요	웃어요
씻다 угаах	씻네요	씻어요
빗다 самнах	빗네요	빗어요
빼앗다 булаах	빼앗네요	빼앗아요

	–(으)면	–았/었어요
긋다 мөр гаргах, зурах	그으면	그었어요
낫다 эдгэрэх, дээрдэх	나으면	나았어요
젓다 хутгах	저으면	저었어요
붓다 хавдах, хөөх	부으면	부었어요
짓다 барих	지으면	지었어요
벗다 тайлах	벗으면	벗었어요
웃다 инээх	웃으면	웃었어요
씻다 угаах	씻으면	씻었어요
빗다 самнах	빗으면	빗었어요
빼앗다 булаах	빼앗으면	빼앗았어요

〈읽기 연습〉

Үнэгүй вакцины зарлал

Вакцин хийлгэх хугацаа: 10 сарын 15 ~ 11 сарын 15
Хамрагдах хүмүүс: 70 наснаас дээш
Хаяг: Гуанжин эрүүл мэндийн төв

(1) Вакцины хугацаа нэг сар. (○)
(2) Вакцин хийлгэхдээ мөнгө төлөх хэрэгтэй. (✕)
(3) Хүүхэд ч бас вакцин хийлгэх боломжтой. (✕)
(4) Вакцин нь Гуанжин эрүүл мэндийн төв дээр хийгдэнэ. (○)

〈듣기 연습〉

1. 🎧 14-4

남 안녕하세요. 무엇을 도와 드릴까요?
여 적금 통장을 만들려고요.
남 신분증을 주시고 여기 서류를 작성해 주세요.
여 네, 여기 있습니다.
남 매월 얼마로 해 드릴까요?
여 10만원으로 해 주세요.

Эр Сайн байна уу. Танд юугаар туслах уу?
Эм Хадгаламжийн дэвтэр нээх гэж байна.
Эр Бичиг баримтаа өгөөд энэ бичгийг бөглөөд өгөөрэй.
Эм За, энд биччихлээ.
Эр Сар бүр хэдээр хийж өгөх вэ?
Эм 100,000 воноор хийгээд өгөөрэй.

(1) ③
(2) ②

2. 🎧 14-5

여 안녕하세요. 어떻게 오셨어요?
남 해외 송금을 하러 왔어요.
여 얼마를 송금하실 건가요?
남 몽골에 25만원을 부치려고 합니다.
여 송금하시려면 신분증이 필요합니다.
남 여권도 되나요?
여 네, 됩니다. 수수료는 총 금액의 5%입니다.
남 네, 감사합니다.

Эм Сайн байна уу. Ямар хэргээр ирсэн бэ?
Эр Гадаад гуйвуулга хийхээр ирлээ.
Эм Хэдийг гуйвуулах вэ?
Эр Монгол руу 250,000 вон явуулах гэсэн юм.
Эм Гуйвуулах гэж байвал бичиг баримт хэрэгтэй.
Эр Гадаад паспорт болох уу?
Эм Тиймээ болно. Хураамж нь нийт мөнгөний 5% шүү.
Эр За, баярлалаа.

정답

(1) Эрэгтэй нь дотоодод мөнгө явуулах гэж байна.
(✕)
(2) Мөнгө гуйвуулахад бичиг баримт хэрэгтэй.
(◯)
(3) Биеийн байцаалт иргэний үнэмлэх л байхад
болно. (✕)
(4) Хураамж 15%. (✕)

〈쓰기 연습〉

1.

(1) 걸으면서 전화를 해요.
Алхангаа ярьж байна.
(2) 일하면서 음악을 들어요.
Ажил хийнгээ хөгжим сонсож байна.
(3) 여행하면서 사진을 찍어요.
Аялангаа зураг даржи байна.
(4) 밥을 먹으면서 이야기를 해요.
Хоол идэнгээ ярьж байна.
(5) 통장을 만들면서 카드를 만들어요.
Хадгаламжийн дэвтэр нээнгээ карт бас нээж
байна.

2.

(1) 밥을 먹었는데 또 배가 고파요.
Хоол идсэн боловч дахиад өлсөөд байна.
(2) 날씨가 좋았는데 집에만 있었어요.
Цаг агаар гоё байсан боловч гэртээ л байсан.
(3) 책을 읽었는데 이해가 잘 안 돼요.
Ном уншсан боловч сайн ойлгохгүй байна.
(4) 배가 고팠는데 바빠서 밥을 못 먹었어요.
Гэдэс өлссөн боловч завгүй болоод хоол идэж
чадаагүй.
(5) 어렸을 때는 키가 컸는데 지금은 작아요.
Бага байхдаа өндөр байсан боловч одоо
намхан.

〈읽기 연습〉

Пүрин банк <Мөрөөдлийн хадгаламж> зарлал

Хүү: жилийн 3.5%

Хадгаламжийн хугацаа: 24 сар
Мөнгөн дүн: Сард дээд тал нь 1,000,000 вон
※ Хадгаламжинд бүртгүүлсэн үед бэлэг өгнө.

(1) Жилд сая вон хуримтлуулж чадна. (✕)
(2) 1 жилийн хугацаанд хүү нь 3.5%. (◯)
(3) Хадгаламжийн хугацаа 1 жил. (✕)
(4) Хадгаламж нээлгэвэл бэлэг өгнө. (◯)

제15과

〈듣기 연습〉

1. 🎧 15-4

(1) 여 빌궁 씨는 한국에 온 지 얼마나 됐어요?
남 한국에 온 지 1년 됐습니다.

Эм Билгүүн та Солонгост ирээд хэр удсан
бэ?
Эр Солонгост ирээд 1 жил болсон.

(2) 남 사라 씨는 이 일을 한 지 얼마나 됐어요?
여 이 일을 한 지 6개월 됐습니다.

Эр Сараа та энэ ажлыг хийгээд хэр удсан
бэ?
Эм Энэ ажлыг хийгээд 6 сар болсон.

(3) 여 마이클 씨는 한국어를 배운 지 얼마나 됐어
요?
남 한국어를 배운 지 2년 됐습니다.

Эм Майкл Солонгос хэлээ сураад хэр удсан
бэ?
Эр Солонгос хэл сураад 2 жил болсон.

(4) 남 수지 씨는 입사한 지 얼마나 됐어요?
여 입사한 지 일주일 됐습니다.

Эр Сүжи та ажилд ороод хэр удсан бэ?
Эм Ажилд ороод нэг долоо хоносон.

(1) Билгүүн •   • Солонгос хэл   •   • 1 жил
                       сурах
(2) Сараа •   • Солонгост   •   • нэг долоо
                       ирэх   хоног
(3) Майкл •   • Ажил хийх   •   • 2 жил
(4) Сүжи •   • Ажилд орох   •   • 6 сар

2. 🎧 15-5

남 저는 일주일 전에 편의점 아르바이트를 시작했습니다. 학교가 방학을 해서 낮 시간 동안 하고 있습니다. 편의점 일은 어렵지 않고, 손님이 없을 때는 한국어 공부도 할 수 있어서 좋습니다. 그러나 다음에는 카페에서 일해 보고 싶습니다. 왜냐하면 제가 커피를 좋아하기 때문입니다.

Эр Би долоо хоногийн өмнө 24 цагийн дэлгүүрт цагийн ажил хийж эхэлсэн. Сургууль амраад өдрийн цагаар хийж байгаа. 24 цагийн дэлгүүрийн ажил нь хүнд биш ба, үйлчлүүлэгч байхгүй үед Солонгос хэлний хичээлээ бас хийж болдог болохоор гоё. Гэвч дараа нь кафед ажил хийж үзмээр байна. Яагаад гэвэл би кофенд дуртай учраас юм.

(1) Эрэгтэй нь 24 цагийн дэлгүүр лүү юм авахаар явсан. (✕)

(2) Эрэгтэй нь ажил хийгээд долоо хоносон. (◯)

(3) Эрэгтэй нь кафед ажилласан удаатай. (✕)

(4) Эрэгтэй нь ажиллангаа Солонгос хэлний хичээлээ хийдэг. (◯)

〈쓰기 연습〉

1.

(1) 한국어를 <u>잘했으면 좋겠어요</u>.
Солонгосоор сайн ярьдаг бол гоё байна.

(2) 주말에 날씨가 <u>좋았으면 좋겠어요</u>.
Амралтын өдөр цаг агаар сайхан бол гоё байна.

(3) 내일 경기에서 <u>이겼으면 좋겠어요</u>.
Маргааш тэмцээнд ялвал сайхан байна.

(4) 도서관에서 책을 <u>읽었으면 좋겠어요</u>.
Номын санд ном уншдаг байсан бол сайхан байна.

(5) 너무 힘들어서 내일 <u>쉬었으면 좋겠어요</u>.
Их хэцүү байгаа болохоор маргааш амарвал бол сайхан байна.

2.

(1) 옷이 <u>큰 것 같아요</u>.
Хувцас том юм шиг байна.

(2) 날씨가 <u>좋은 것 같아요</u>.
Цаг агаар сайхан байх шиг байна.

(3) 버스를 <u>놓친 것 같아요</u>.
Автобусандаа сууж амжаагүй юм шиг байна.

(4) 엄마가 <u>화난 것 같아요</u>.
Ээж ууарласан юм шиг байна.

(5) 시험을 <u>잘 본 것 같아요</u>.
Шалгалтаа сайн өгсөн юм шиг байна.

〈읽기 연습〉

Ажилтан авна

- Ажиллах цаг
  - Өдөр: 09:00 ~18:00
  - Шөнө: 23:00 ~ 06:00
- Ажиллах гариг: Даваа~Баасан
  (7 хоногийн 5 өдөр)
- Цалин: Ярилцлагын дараа шийдэх
- Нас: 20 ~ 30 нас

※ Туршлагатай хүнийг урьж байна / Анхдагч ажиллах боломжтой

Сөүл хот Каннам дүүрэг AB 24 цагийн дэлгүүр
Лавлах: 010-1234-5678

(1) Энэ 24 цагийн дэлгүүрт ажиллах хүн хайж байна. (◯)

(2) 20 наснаас 39 нас хүртэлх хүн ажиллах боломжтой. (✕)

(3) Цалин нь ярилцлагын дараа шийднэ. (◯)

(4) Анхдагч ажиллах боломжгүй. (✕)

정답

제16과

〈듣기 연습〉

1. 🎧 16-4

여 어서 오세요, 어떻게 오셨습니까?
남 체류 자격을 변경하려면 어떻게 해야 되나요?
여 여기 신청서를 쓰세요. 여권과 외국인등록증을 가지고 오셨나요?
남 네 여기 가져왔어요.
여 수수료는 6만원입니다.
남 이번에 신청하면 허가는 언제 나오나요?
여 2주 후에 나옵니다.

Эм Тавтай морилно уу, та ямар хэргээр ирсэн бэ?
Эр Оршин суух визний ангилалаа сольё гэвэл яах ёстой вэ?
Эм Энэ өргөдлийг бичээрэй. Гадаад паспорт болон гадаад иргэний үнэмлэхээ авчирсан уу?
Эр Тиймээ энд аваад ирсэн.
Эм Хураамж 60,000 вон.
Эр Энэ удаад бүртгүүлвэл зөвшөөрөл нь хэзээ гарах вэ?
Эм 2 долоо хоногийн дараа гарна.

(1) 체류자격을 변경하러 왔습니다.
(Оршин суух визний ангилалаа солихоор ирсэн.)
(2) 6만원입니다.
(60,000 вон.)
(3) 2주 정도 걸립니다.
(2 долоо хоног орчим болно.)

2. 🎧 16-5

여 안녕하세요? 여권을 보여주십시오.
남 네, 여기 있습니다.
여 한국에 무슨 일로 오셨습니까?
남 유학하러 왔습니다.
여 외국인등록증이 있습니까?
남 아니요. 없습니다.
여 입국하고 나서 30일 이내에 외국인등록증을 발급받으셔야 합니다.
남 네, 알겠습니다.

Эм Сайн байна уу? Паспортоо харуулна уу.
Эр За, энд байна.
Эм Солонгост ямар ажлаар ирсэн бэ?
Эр Суралцахаар ирсэн.
Эм Гадаад иргэний үнэмлэх байна уу?
Эр Үгүй, байхгүй.
Эм Хилээр орж ирсэний дараа 30 өдрийн дотор гадаад иргэний үнэмлэхээ авах хэрэгтэй.
Эр За, ойлголоо.

(1) Эрэгтэйд пасспорт байгаа. (◯)
(2) Эрэгтэй нь аялахаар ирсэн. (✕)
(3) Эрэгтэйд гадаад иргэний үнэмлэх байгаа. (✕)
(4) Хилээр орж ирсэний дараа гадаад иргэний үнэмлэх шууд авах хэрэгтэй. (✕)

〈쓰기 연습〉

1.

(1) 키가 크니까 좋겠어요.
Өндөр болохоор гоё юм аа.
(2) 머리가 아프니까 약을 먹어요.
Толгой өвдөж байгаа болохоор эм ууж байна.
(3) 날씨가 좋으니까 소풍을 가요.
Цаг агаар гоё учраас салхинд гарч байна.
(4) 바지가 작으니까 교환해 주세요.
Өмд жижиг учраас солиод өгөөч.
(5) 시험이 어려우니까 공부를 많이 해요.
Шалгалт хэцүү учраас хичээлээ хийж байна.

2.

(1) 오늘은 일찍 출근해야 돼요.
Өнөөдөр эрт ажилдаа явах ёстой.
(2) 한국어 시험을 준비해야 돼요.
Солонгос хэлний шалгалтаа бэлдэх ёстой.
(3) 하루에 2번 약을 먹어야 돼요.
Өдөрт хоёр удаа эм уух ёстой.
(4) 면접이 있어서 정장을 입어야 돼요.
Ярилцлага байгаа болохоор хослол өмсөх ёстой.
(5) 내일 시험이어서 공부해야 돼요.
Маргааш шалгалт учраас хичээлээ хийх ёстой.

〈읽기 연습〉

(1) 체류 기간 연장 허가
   (Оршин суух визний хугацаа сунгуулах
   зөвшөөрөл)

(2) 경기도 안산시 단원구 구부로 78
   (Кёнгиду Ансан хот Данвон дүүрэг Гүбүру 78)

(3) 몽골(Монгол)